すぐできる！ 続けられる！ 整理収納のコツ教えます

マンガでわかる

片付太郎と汚部屋乱子のお片づけレッスン

長浜のり子

漫画家・整理収納アドバイザー

PHP

BOY
MEETS
GIRL

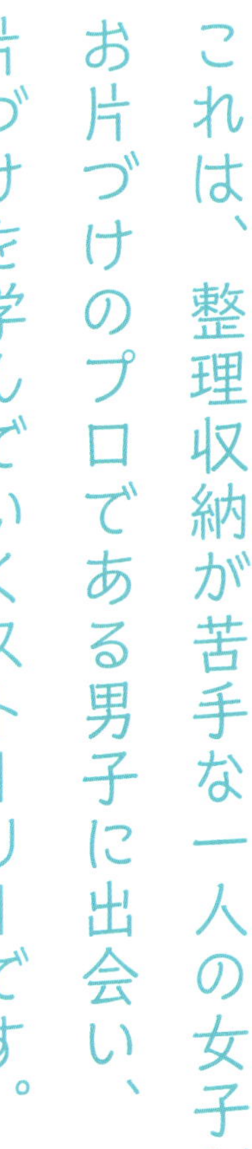
これは、整理収納が苦手な一人の女子が
お片づけのプロである男子に出会い、
片づけを学んでいくストーリーです。

プロローグ

片づけ下手女子と片づけ上手男子の出会い

片づけが苦手な汚部屋乱子と隣人、片付太郎。
クモの出現により、思いがけずお互いの部屋を
覗いてしまうことになります。

なぜかいつも探し物をしている

毎日鍵を探してしまう

鍵、アクセサリー、スマホや財布……。日常でよく使う物を、頻繁に失くしてしまうことはありませんか？　それは、片づけを始める合図かもしれません。ここにも一人、探し物をしている女子がいます。

探し物が日常化していませんか？

あれ？ ないっ ないよ？

えーウソ！ どこぉ？

ガサゴソ

汚部屋乱子（おべやらんこ）

大丈夫ですか？

片付太郎（かたづけたろう）

こんばんは

あ、こんばんワー

えーと… 探し物……？

家の鍵が見つからなくて

それは大変

二人はアパート暮らしのお隣同士

家の鍵ないんですか？

鞄の中に入れたと思うんですけど見つからなくて…

下の玄関通る時はあったのに

一度中の物全部出した方がいいかもしれませんね

あぁっ

そうですね！

お願～い出てきてぇっ

ザッ

鞄ごとの全出し

ザッ

ザッ

その出し方は中の物が壊れますよ

大丈夫で…

コロン

あーーあった！

良かったー見つかって

ありがとうございます

いえいえ

テヘヘ

鞄の中に入れてるのになぜか毎度なくしちゃうんですよね

あ…それは

定位置を決めておくとなくさないですよ

ていいち？

鞄の中に鍵を入れておく場所を決めておくってことです

カギは鞄の中では内ポケットに入れるとか物の住所を作ってあげるんです

へえ！

※物の定位置管理は探し物をなくします

家の中でも非常事態は
急に起こります

同じ間取りなのに…

玄関から出すので済むまで僕の部屋に避難しててください
コレ鍵です
あ…
あのっ
ありがとうございます…っ
コクリ
じゃあ先に中へ入ってください
それから僕は玄関開けるので
はいっ
よろしくお願いします！
カチャ
パタン
…ってあれい コレいいのかな？
は——っ
コワさのあまりお隣さんの部屋にズーズーしく上がり込んじゃったけど…
スッキリ——！
……
カチャ
えーと…クモは…
あ…いた！
じーっ
ごちゃあ…
SALE
……
え————!?

お部屋訪問は突然に

なにこの部屋！
思わず上がり込んだ →
モデルルーム!?
ピッカーッ
超キレー
超スッキリ
部屋が片づいているコトで気分が良くなるコトを
は―――
気持ちいい空間だなー
お片づけの世界では精神的効果と言います
すごい部屋だ
思わず上がり込んだ →
ゴゴゴゴゴゴ
床が見えない…
そして部屋が散らかっているコトで気分が上がるコトを
今すぐ片づけたいっ！
お片づけの世界では職・業・病と言います☆
ゴゴゴ
バンッ
あ…
あのっ
お部屋っすっごい片づいてて感動しました！
あまりのスッキリ具合に思わず上がり込んじゃって……って
ごめんなさい無断で！
いえ大丈夫です
僕も思わず部屋に上がり込んでしまったので…
スミマセン
!!
えっ！

私でも片づけられる？

わわわ私の部屋見ちゃったんですか？
あわわっ
ハイすみません見ちゃいました

あっえっと全然いいんですけどっ
恥ずかしさでパニック
むしろこっちがあんな散らかった部屋見せちゃって申し訳ないっていうか…

常々片づけたいとは思ってるんですけど
私どうも片づけられない人みたいで…
!?
ヒョイ

だったら必ず片づきますよ
え？

片づけたいと思ってる人なら
どんな散らかった状態でも必ず片づきます

それ…ホントですか？
本当です

…ってあのその前になんでこの状態なんでしょうか？
ドキドキ
お姫様だっこ
あっそれは…

今追い出したクモが足下を通過中だからです
追い出し中に飛び出て来られたので
クモ
スススススミマセン…！

片づけの仕方、お教えします

よかったら
僕と一緒に
片づけませんか？

え？
片づけの仕方
僕でよければ
お教えします
教えるって…

一応ですけど僕
片づけのプロ資格
持ってるので
普段は会社員ですが
片づけのプロ
なんですか
それ？
初めて聞きました！

えっと…
その説明の前に一度
降ろさせて
頂きますね
クモもログアウトしたようなので
ハッ
スススススミマセンッ
今完全に忘れてました

片づかない部屋はない

片づけられるか片づけられないかは、散らかっている状況の深刻さとは関係ありません。

何より、片づけたい！と本人が本気で思っていることが、いちばん重要です。その気持ちがある人は、必ず片づきます。

「あの…片づけって、気持ちだけで片づくんですか？」

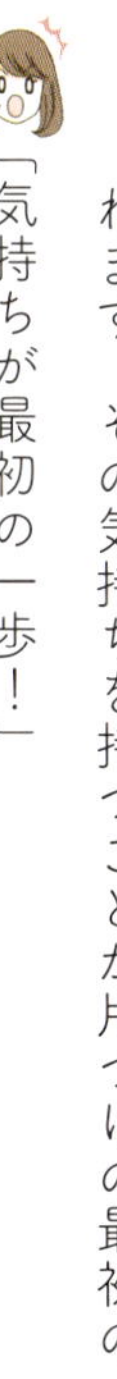

「気持ちだけでは片づきません。でも片づけたい気持ちがあるなら片づけられます。その気持ちを持つことが片づけの最初の一歩なんです」

「気持ちが最初の一歩！」

太郎のつぶやき

片づけられないと悩んでいる人でも「片づけたい」気持ちがあるなら、すでに片づけへの一歩は踏み出していると思ってください。

片づけのプロに習ってみる

片づけのプロっていうのは…
一般的に片づけの知識が身に付いてる人のことで
その知識を活かして片づけに困ってる人のサポートやアドバイスができる人のことです
どうぞ
あっどうも
in太郎宅
へぇ…って片づけのサポートができるんですか!
びっくりっていうかびっくりです!
片づけにプロがいるなんてっ
これが一応ライセンスカードになります
初見せ嬉しい…!
おわっご丁寧にスミマセン
いえいえ
↖表情に出ないタイプ

片づけのサポートって…
はーーっ
ずっと困ってたのに考えたこともなかったです
サポートかぁ…
……
あのっお願いしてもいいですか?
はいもちろんです
でも先に謝っておきますスミマセンッ!
は?
この美部屋の人にあの最悪な部屋を片づけサポートさせるって…
すっごく申し訳ないことだと思うので!
え…

お片づけは最初に〇〇を使う

本当にスミマセンッ
でもお金とかはちゃんと払いますんでっ!
あの…っ謝らないでください

そもそも僕がお声掛けしたことですし
あの部屋は片づいてないだけで最悪ではないですよ
でも…

むしろ僕的には最高の部屋でした!
片づけテンションMAXになりましたから
え……っそうなんですか!?

…というか僕の方こそ先に言わせてください
ありがとうございます
は?

ありがとうって…え?どういうことですか?
感謝とお礼の気持ちです

片づけサポートを依頼したいと思っても
自分が最悪だと思ってる部屋に人を入れるのは少なからず覚悟が必要なことです
だから一瞬ためらわれましたよね?

片づけと僕に勇気を使ってくださってありがとうございます
……

いえっ
こちらこそよろしくお願いします!

現代は、なんとなくでは片づけられない

物が不足していた昔とは違い、物が有り余るほど溢れている現代は、**なんとなく物を収めるでは片づかない時代**になっています。

いまや片づけにも知識と技術が必要です。そして、できない時はできる人から教わるのが近道です。

片づけはセンスや才能でなく知識です

太郎も言っているように、散らかっているのは「単に片づいてないだけ」。ダメな性格だなどと悩む必要はありません。まずはその気持ちの重荷だけでも降ろしてくださいね。

ここから太郎と乱子二人の片づけが始まります。ぜひ楽しみながら学んでください。

登場人物紹介

片付太郎（かたづけ・たろう）
25歳

会社員で一人暮らし。端整な顔立ちのせいか、感情が表に出ないタイプ。片づけ好きが高じて、片づけのプロ資格を取得したが、それを知る人は少ない。四角が大好き。

汚部屋乱子（おべや・らんこ）
25歳

ショップ店員で一人暮らし。明るく朗らかな性格。一人暮らしを始めてから5年。一度も家に人を呼べないほど散らかったままの部屋に悩んでいる。買い物大好き。おしゃべり大好き。

CONTENTS

『片付太郎と汚部屋乱子のお片づけレッスン』もくじ

第１章

片づいていると暮らしが変わる

片づけてある部屋と散らかっている部屋。
見た目や気分が違うだけ？
いえいえ、もっと生活の奥まで変わってくるのです。

片づけ上手さんと片づけ下手さん

片づいていると、一日の始まりから変わる

片づけとは、そもそもなんでしょう？　単に部屋をスッキリ、キレイにすること、と思われがちです。でも、効能はそれだけではないのです。例えば片づいているかいないかで、**朝の気分から違ってきます**。

○ 片づいている部屋の朝は気分爽快！

✕ 汚部屋では朝からドンヨリ

ジリリリリ
ん……
まだ眠い…
手さぐり
ジリリリ
起きたくない…
ってアレ？スマホどこ？
ガッ
ドサッ
ドサッ
ドサッ
ジリリリ
ぎゃあっ
さすさす
ピッ
あった
イタイ…
ごちゃあ……

ふああ
ペチペチ
スクッ
あ 誰だろ？着信付いてる…
ザクッ
いっったあ!!
ズリッ
ドーンッ
腰打った
〜〜〜っ

散らかってると目覚めから危険！

× 汚部屋では
ロスタイムが多い

○ 美部屋は朝から
ロスタイムがない

片づけで暮らしが楽になる！　損はナシ！

片づいた部屋で目覚めると、朝一番で視界に入るのは、スッキリと整った景色。清々しい気持ちになりますよね。美しい風景を見ると気持ちが晴れるように、**部屋の見た目の美しさで感じられる心地良さは、片づけの大きな効果**の一つです。

逆に散らかった部屋で目覚める朝は、ごちゃついた景色に気持ちもうんざり。床などに収納しきれない物が不用意に置いてあれば、転倒してケガをすることも。

一日を気持ちよく安全に暮らすためには、**家を片づけておくことは、理にかなったこと**なのです。

片づいていると、朝起きた爽快感が違いますよ。

毎日10分探し物で年に2.5日の無駄

片づいてない状態で起こりやすいトラブルの一つに
探し物があります
あれー？どこだろ？

探し物をすることはお片づけの世界では
最も無駄なコトだと考えられています
え!?
ムダ？

その理由は
例えば毎日10分ずつ探し物をしてるとすると
どこ？
10分
10分
どこ？
10分
どこぉおおぉ

年間で3650分時間単位で約61時間
日数で約2.5日分の時間ロスになります
2day
1day
2日も!?旅行に行ける…

片づけないと経済的にもマイナス

プライベートでなら時間的な損失だけですが
?!
これが勤務中だと損失は経済的な部分にも及びます

仮に彼女が月20日の勤務で
店長候補で頑張ってます♥
時給1600円とします

彼女が勤務中に毎日10分程度探し物をすると
あの在庫どこだっけ？
10分
10分
どこ？
10分
どこぉおおおっ
月3時間20分年間約1.7日分の時間ロスです

探し物の時間は職務としての生産性はないので
ええっ
そんなに!?
それは大変
職場としては月約5330円年間約6万4千円の損失になります

探し物は経済的な損失が生じてる場合もあります！

散らかっていると時間とお金を無駄にしている

「あの服どこだっけ？」「ベルトはどこにしまっていた？」と朝から何度も探し物をしていませんか？　散らかっていると、物の場所が把握しきれません。その度に探す必要が出て、思わぬ時間を取られてしまいます。

反対に片づいていると物の場所が把握できているため、すぐに目的の物にたどり着け、余計な行動が減ります。無駄な時間を使うこともありません。**貴重な時間を有効に使いたいなら、片づけは必須の条件と言えます。**

さらに仕事中に探し物が発生した場合は、探し回った時間は仕事ができていない時間になり、生産性がダウンしてしまいます。**それはつまり金銭的な損失にもなるので、不便や不快だけではすまない状態です。**

損をするのって、誰でも嫌ですよね。プライベートでも仕事でも損はしたくない人ほど、**お片づけは、とても合理的なことなんです。**

片づけると余計な出費ゼロ

?
洋服100着掛け大容量ハンガーラック☆
今だけ2セット1万円…なんてお得な！
タイムセール
でも…服はクローゼットに収まるだけしか持ってないから自分には必要ないな
なくても暮らせる物はお得でも買わない
片づいてると余分な出費が減ります！

片づいているとお金が貯まる！

片づいていると、自分に今、必要な物と数が自然とわかるようになるので、本当に必要な物しか買わなくなります。「お買い得」「限定品」などの言葉に惑わされて、衝動買いしてしまうことも激減。無駄遣いがなくなります。

その結果、お金が貯まりやすくなるという、うれしい経済的な効果もあります。

暮らしが効率的になるのが片づけ

片づけは、決して部屋をキレイにするだけのものではありません。**「気持ち」「安全」「時間」「お金」に対して、実際に大きなプラス**の効果があります。

散らかっている状態は、見た目にごちゃごちゃしているだけでなく、**「損しやすい」状態**です。

もしあなたがいつも忙しい、疲れやすいと感じているなら、散らかった空間がそれを引き起こす一つの原因になっているかもしれません。

片づけは、プライベートも仕事も含めた暮らしそのものの効率化ができる「お得しかない」ことなのです。

片づけ下手女子の悩み

片づけ大好き男子の悩み

自分の部屋は好きですか？

毎日は充実して楽しいのに、家に帰るとげんなりする

今の自分の部屋は、好きですか？　散らかっているかどうかより、もし今、自分の部屋が好きじゃないなら、片づけることを考えてみる機会だと思います。

「片づけられない人」というと、一般的にはズボラや、だらしないというようなネガティブな想像をされがちです。でも実は仕事もプライベートもちゃんとしている人の方が多いです。全部ちゃんとしようとして、あれもこれもそれもやらなきゃ…！　と外に気持ちが向きすぎた結果、肝心の自分が疎かになって部屋が散らかってしまうようです。

周囲も大事ですが、まずは自分の暮らしを優先してみませんか？

こぼれ話

自分にとっての最高の場所が家にある

Q お酒を飲むのに最高の場所といえば？
えーどこだろ？
一般人
汚部屋乱子(25)

うっとり
夜景の見えるBARとか？
キラキラサイコー

Q お酒を飲むのに最高の場所といえば？
んーどこだろ？
片づけプロ有資格者
片付太郎(25)

うっとり
ファイルBOXの並んでる前とか？
統一美サイコー！

「え？　家の収納を見ながら飲むんですか？　散らかった我が家では落ち着いて飲めませんよ」

「自分が納得できる完璧な片づけからうまれた収納の景色は、どんなおしゃれなカフェやバーにも見劣りしませんよ」

「今の私には想像できないですけど、自分の家にそんな場所があるっていいですね」

「片づけは、自分が楽しくなる場所を作る行為でもあるんです」

第2章

整理の仕方お教えします

散らかった部屋に、とうとうあの人がやってくることに。
緊張と不安の中、さぁ、二人の片づけが始まります。
太郎の指南はいかなるものに？

片づけられないのは人間失格ですか？

他人に見られたら何と言われるかという恐怖

片づけられない人が片づけを学ぼうとする時に、まず恐怖を感じてしまうのが、散らかっている現状を見られること、知られることです。「こんな部屋、誰にも見せられない」という思いが、大きな壁になりやすいです。

緊張している理由

僕は怒りません

あの…僕は片づいてないことで怒ったりしませんので…
安心してください
えっ…怒らないんですか？
ハイ 怒りません

それって足の踏み場がない部屋でもですか？
ハイ 怒りません

座る場所がベッドしかない部屋でもですか？
ハイ 怒りません

え…もしや神ですか？
パニック
いえっ ただの片づけのプロです
落ちついてください

どんなに片づいてない状態であっても
ずっとそのことで思い悩んできた人を僕は絶対に怒ったりしません
散らかりは悪事ではないので

どんな状態でもですか？
はい どんな状態でもです
はあぁ
良かったー

この散らかり具合をしっかり見られたら怒られると思ってたんでホッとしました
朝食も食べられないほどドキドキしてたんですけど…
ぐうううううう

スススス スミマセン！
いえいえ
緊張が解れたようで僕もホッとしました

汚部屋でも呆れられない、怒られない

「太郎さんって、あんなに散らかった部屋でも呆れたり怒ったりしないのは、やっぱり片づけのプロだからですか？」

「違いますよ。僕が乱子さんの部屋が散らかっていることで、**嫌な気持ちになる理由がない**からです。迷惑をかけられたわけでもないですし」

「でも散らかった部屋って見るだけで不快ですよね？　だらしない！　ズボラでダメなヤツってイラッとしませんか？」

「そう思っているのは乱子さんご自身ですよね」

「え…？」

「片づけられないことに苦しんでいる上に、自分をそうやって日々責めているんじゃないですか？」

「でもホントのことですから…」

「**本当のことは、片づけたいけれど片づけ方がわからない。**これだけです」

「片づけ以外でも、だらしないしズボラですよ。夏休みの宿題も登校日の朝までやっていたタイプだし…！」

「片づけにだらしなさもズボラも関係ありません。**片づけは学べば誰でも習得できる**ことなんです」

「誰でもできる…」

「だから自分を責めないでください。それに片づけはズボラな人ほど向いています」

「そうなんですか!!」

「片づけは暮らしをラクにするもの。なので、**ラクしたい気持ちが強い人ほど、より良い片づけ方を探せたりします**よ」

「ラクするの大好きです♡」

「なので、ぜひ楽しんで一緒に片づけていきましょう」

「はい！（——って太郎さん、楽しんでと言っているわりに無表情・汗）」

片づけは、学べば誰でも習得できます。

すぐ片づけ始めません

いきなりお騒がせしましたが
お腹も心もひとまず落ち着きました
何よりです
ではそろそろ始めてよろしいでしょうか？
はいっ
お片づけですよねっ 頑張ります！
いえ…
片づけの前にまずやって頂くことがあります
は？
やって頂くコト？

あ…その前に怒られることをとても心配されてましたが
過去にそういう経験があるんですか？
えっあっ はい！
私っ昔っから片づけられなくて母によく怒られてたんです
それはもう**鬼のように！**超コワかったんですよ☆
くわっ
なるほど
は…っ笑ってしまって申し訳ありません
モノマネが面白くて
いえ…
なんでだろ？笑われたのに得した気分☆

途中で迷子にならないために

片づけの前にして頂くことですが
まずは理想の暮らしを明確にするヒアリングです
理想の暮らし？
ヒアリング？
はい
片づけは片づけが終わってから始まる暮らしのためのものです
なので理想の暮らしをハッキリさせておくことで
理想の暮らし
GOAL
あの場所を目指せばいいんだな
※イメージ図
片づけのゴールまで迷わず進めていくことができるんです
えっ
片づけのゴールってスッキリやキレイなことじゃないんですか？
そこがゴールだと失敗しやすいです
ええっ
そーなんですか！

スッキリすることやキレイにすることだけを目指して片づけるのは
ビジョンが曖昧なのでやる気が続かず挫折しやすいんです
確かに…私もそれを目標に片づけては挫折してました
はー！
なんか全然終わらない…もうヤダー
挫折したコト数知れず…
目標を設定するならその後です
スッキリしてキレイになった後…
この部屋でどんな時間を過ごしたいですか？
こうなりたいと思う自分の未来を想像してみてください

この部屋でやりたいこと、困っていることは？

汚部屋すぎて人をうちに呼べない

実は私一人暮らしを始めてから5年間

自分の部屋に誰も入れたことがないんです！

え…それはこの状況を見られたくなくてですか？

ごっちゃあ…

はいそうです…

自分でも引いてる状況なので他人の反応が怖すぎてっ

でもそのせいで5年間彼氏ができなかったトコロもあるし

家まで送るよ

大丈夫です！

友達にだって気軽に遊びに来てほしいし

遊びに行っていい？

ウンまた今度ね

あの…そのっ

人を呼べる部屋にしたい

どうぞー♪

はいっソレです！

ゆっくりくつろげていつでも人が呼べる部屋…

これが乱子さんの理想の暮らしでいいでしょうか？

超OKです！

こくこく

ペコリ

ご協力ありがとうございます

慣れない対話で疲れてませんか？

はいっ

確かに思ったより色々考えたので疲れてないと言えばウソかもですけど…

気持ちをたくさん吐き出した感覚でスッキリもしてます

ちょっと心が軽くなった感じです

ヒアリングも片づけの一環なのでそう言って頂けて何よりです

理想の暮らしをイメージしてみる

片づけに慣れないうちは、つい目の前の散乱の片づけから手を付けてしまい、頭の中で理想の暮らしを思い描くことを省きがちです。

でも**理想の暮らしは、「片づけのゴール」**です。

ゴールに迷わず辿り着くために、紙に書き出せるくらい、しっかり明確にイメージしてください。

また今の暮らしで困っていることも書き出して、改善案が出せれば、理想の暮らしはもっと快適なものにできます。

紙に書き出す「理想」は、片づけのゴールに辿り着く地図になります。

理想の暮らしを話してみるのも効果あり

「理想の暮らしを紙に書いてみると教えてもらいましたが、一人だとどう書いていいのかわからなくて。その場合はどうすればいいですか？」

「家族や友人など身近な人に話してみてください。散らかっている相談はしづらくても、理想の暮らしについての話なら、しやすいですよね」

「そうですね！」

「持っている気持ちを言葉に表してみることが大事です」

「そこから紙に書き出すのなら、できる気がします」

「相手の理想の暮らしを聞かせてもらうのも、参考になりますよ」

片づけに大切な2つのこと

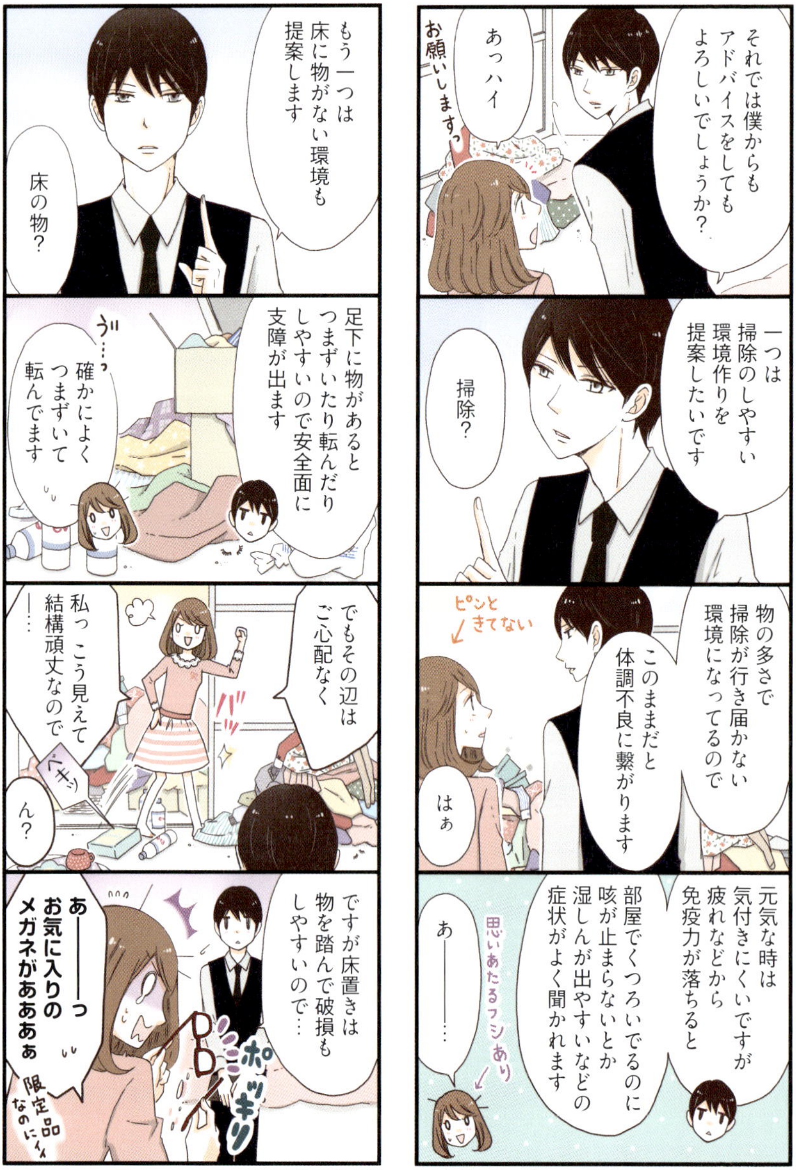

それでは僕からもアドバイスをしてもよろしいでしょうか？
あっハイ
お願いしますっ
一つは掃除のしやすい環境作りを提案したいです
掃除？
物の多さで掃除が行き届かない環境になってるので
このままだと体調不良に繋がります
ピンときてない
はぁ
元気な時は気付きにくいですが疲れなどから免疫力が落ちると
部屋でくつろいでるのに咳が止まらないとか湿しんが出やすいなどの症状がよく聞かれます
思いあたるフシあり
あ――…
もう一つは床に物がない環境も提案します
床の物？
足下に物があるとつまずいたり転んだりしやすいので安全面に支障が出ます
うっ…
確かによくつまずいて転んでます
でもその辺はご心配なく
私っ こう見えて結構頑丈なので――…
バッ
ベキッ
ん？
ですが床置きは物を踏んで破損もしやすいので…
ポッキリ
あ――っ お気に入りのメガネがあああぁ
限定品なのにィィ

完璧に片づいた部屋の威力

ヒアリングは以上ですが
乱子さんから疑問や質問などありますか？
気になるコトがあればなんでも聞いてください
気になること…

あっそうだ
太郎さんって今彼女いるんですか？
？
おられるなら私と二人で片づけとか嫌なんじゃないかとちょっと思って…
相手の方が

彼女はいません
—というかいたことがありません
ええっ!?

その見た目で片づけもできて虫も平気なのに？
今まで何してたんですか！
思わず立ちあがる
仕事終わりとか休みの日とか
部屋を片づけてました
インドア派
え———…

でも一人暮らしだと家に来たがる女性とかいませんか？
それで親しくなってことってありませんか？

ん—!
そういう進展はなかったですね
確かに家に来たがる女性は結構おられましたが…

片づいた部屋ってその空間に入るだけで気持ちが洗われたり
片づけの意欲が猛烈に上がる効果があるので
どうぞ
……
言葉を失ってる
え…
帰るね！
ちょっと自分ん家片づけたくていてもたってもいられないから

皆さん話す間もなくすぐ帰られるんですよね
お茶くらいは飲んでいってほしいのですが…
この人…部屋に純潔を守られてる人だ!!
片づけが完ぺきすぎて部屋が聖域か結界になってるんだ

部屋のどこかにはあるはずだけど…

どこにあるかわからない物は、持っていないと同じこと

持っているはずでも、どこにあるかわからない物はありませんか? これは持っていないのと同じです。

必要な時に取り出せてこそ、持っているということです。

こぼれ話

汚部屋と美部屋のお昼休み

「同じ時間でこんなに差があったなんて、驚きです！」

「ちょっとした探し物でも、増えてくると大きな差になってきます」

「探し物はないように改善した方が良いことがよくわかりました…」

どこから片づける？

それでは今から
実際の片づけ作業を始めたいと思います
…って大丈夫ですか？
休憩前より疲れてる…
ゼェ
ゼェ
あっハイ必死でエプロンを探してたので
すぐ着用するので少々お待ちを
了解です
あれ？久々だから
結び方が…
え？
……
ええ―？
手伝います
スススミマセン～
かあああああ
お世話かけましたが準備完了です！
どこから片づけましょうかっ
ではまず玄関の下駄箱から始めようと思います
えっ
下駄箱!?
はい
あの…私としては下駄箱よりも
その周りの散乱してる靴とか傘とか出てる物が気になるんですけど…
コレとか
コレとか
コレとか
はい
だからこそ下駄箱からなんです
cupboard
はっ？
どういうコトですか？

片づけは表からじゃなく中から

玄関に出ている物を片づけるためにはこれらを収納するスペースが必要ですよね

ごっちゃり

はぁ

確かに…

そのスペースになる今最適な箇所はこの下駄箱だと思います

あー…ですねっ

なのでまずこの中から見直してスペースを作れば

スペースがあれば…

散乱している物を下駄箱に収めることが可能になるので

出てる物が入れられる

結果として下駄箱から始めると…

玄関自体が片づく!

スッキリ〜

ああ!

そういうことです

スタートは玄関先から

さあ、片づけの始まりです

片づけ始めは長期間触っていなかった収納スペースを触ることも。エプロンや汚れてもいい服の着用以外に、ホコリやカビに弱い人は、マスクや軍手などの着用もお忘れなく。

効果をすぐに感じられる場所からスタートする

「玄関先から始めた理由ってなんですか？」

「乱子さんの理想の家は、仕事の疲れを癒す場所でしたよね。帰って来てまず目にする玄関が片づいていれば、ホッとできると思ったからです。また出勤する時も、清々しい気持ちで仕事に出かけられると思いまして」

「なるほど！　それは働く女性にはもってこいのスタートですね♪」

小さい場所からスタートがオススメ

「また一人暮らしの家の下駄箱は、**範囲として小さいのでスタートには良い**と判断しました」

「片づけのスタートって、小さい範囲の方がいいんですか？」

「はい、片づけがすぐ終わりやすいので。最初は**その日のうちに完了して達成感を得ることが大事**なんです」

「へぇ」

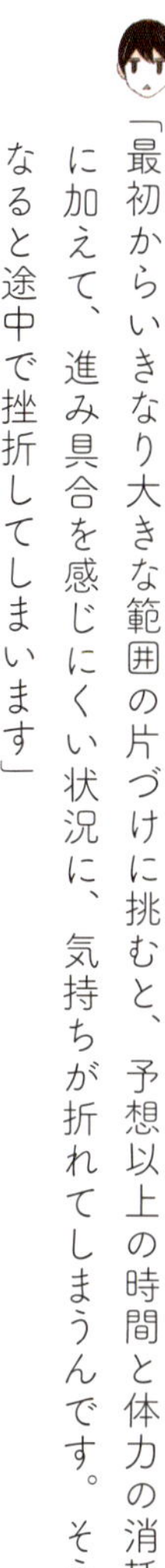

「最初からいきなり大きな範囲の片づけに挑むと、予想以上の時間と体力の消耗に加えて、進み具合を感じにくい状況に、気持ちが折れてしまうんです。そうなると途中で挫折してしまいます」

「わかる気がします。私いつも部屋全体を一気に片づけようとしては、挫折していたので…」

「**苦手なことで挫折すると嫌いになってしまいます。**片づけたいのにやる気が起きないジレンマに苦しむことにもなりかねません」

「それはとってもわかります！」

「一人で片づけを始めるなら、**例えば財布や薬箱のような数分で終わってしまうような物からがオススメです**」

「それくらいなら私一人でもできそう♪　今度やってみます！」

持ち物の量を実感してみる

では下駄箱の中に入っている物を一度全部出しましょう
はい！
あっ
玄関に出てる物も全て一箇所に集めてください
テキ
パキ
了解ですっ
—10分後—
これで全部ですね
え／
あの狭い玄関にこれだけの物があったんですか？
どっさり!!
全て乱子さんの持ち物になります
う…
自分で自分にちょっと引きます…
玄関だけでこの量って…
全て出して頂いたのでここからは物の整理をして頂きます
整理？
必要
不必要
必要な物を残し不必要な物を取り除く
区別の作業です
靴 傘 DM etc.
全てが大量!!
片づかない最大の理由はこの状況を見てもわかる通り
物の多さです
確かに！
多いですね…
その多くなってしまった物を厳選して減らすことが整理なんです
選ばれた必要な物たち
厳選
＝
整理
あっあっ
なるほど！
整理ってそういう意味だったんですねっ

片づけは「整理」から

まず一度物を全て出してみる

片づけにとりかかる収納スペースを決めたら、その次は、中に入っている物を全部出してください。

ほとんどの人が、こんなに持っていたのかとショックを受けます。

この**気づきは、物の持ち方を変えていくきっかけになる**ので、出した後は必ず自分の目で確認してください。

全ての量を確認した後は「整理」をしていきます。勘違いしている人も多いのですが、捨てることが整理ではありません。**捨てるものを選ぶのではなく、必要な物を選ぶのです。**

○秒で決めてください！

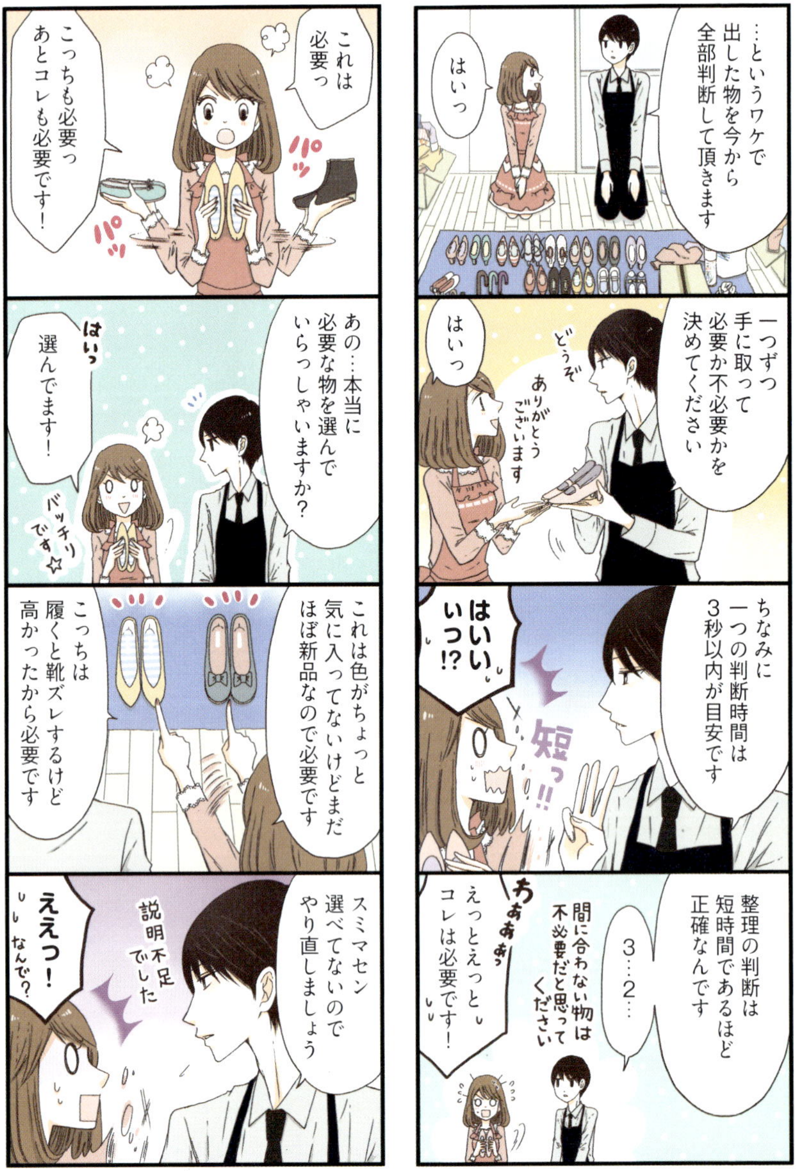

…というワケで出した物を今から全部判断して頂きます
はいっ

一つずつ手に取って必要か不必要かを決めてください
はいっ
どうぞ
ありがとうございます

ちなみに一つの判断時間は3秒以内が目安です
はいいいっ!?
短っ!!

整理の判断は短時間であるほど正確なんです
3…2…
間に合わない物は不必要だと思ってください
ちあああっ
えっとえっとコレは必要です！

これは必要っ
こっちも必要っあとコレも必要です！
パッ
パッ

あの…本当に必要な物を選んでいらっしゃいますか？
はいっ
選んでます！
バッチリです☆

これは色がちょっと気に入ってないけどまだほぼ新品なので必要です
こっちは履くと靴ズレするけど高かったから必要です

スミマセン選べてないのでやり直しましょう
説明不足でした
ええっ！
なんで？

整理で大事なのはスピード

判断時間は3秒です

物事を決める時はじっくり考えて判断した方が、良い選択をできそうな気がしますが、そういうわけでもありません。実は**瞬間で決める方が正確**なことも多くあります。

人は本当に必要な物の判断は迷わないからです。

基本は3秒以内に判断を。例えば、今や一人1台は持っているスマートフォン。「必要ですか？」と聞かれたら、おそらく即決で「必要」と答えられるはずです。

迷う時点で、不要な物である可能性を疑ってください。

1、2、3。はい決めてください！

「いる、いらない」は何で決める？

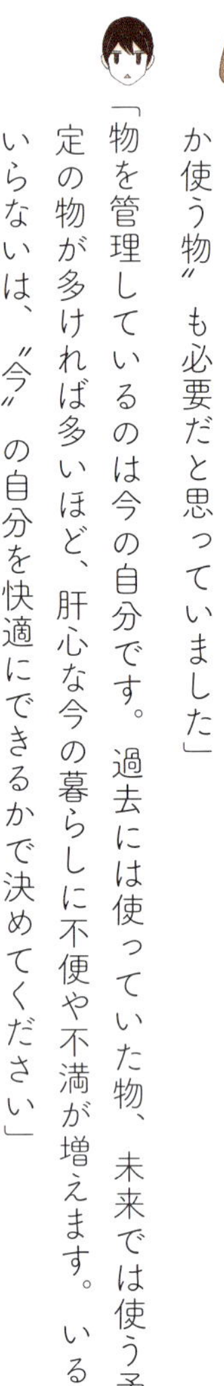

必要かどうかは今と理想の暮らしが判断基準です
今と理想の暮らし？
具体的に言うと今使っている物と
理想の暮らしに使いたい物を選んで頂きたいんです
例えば新品同様で気に入ってない靴は今履いていますか？
履いてません…
理想の暮らしをしている自分に履いてほしいですか？
ほしく…ないです
それでもこれは必要ですか？
いえ
不必要…ですね
あれ？答えが変わった
これが本来の判断です

いる、いらないの判断が間違っていることもある

「必要って〝今使っている物〟のことだったんですね。〝使える物〟とか〝いつか使う物〟も必要だと思っていました」

「物を管理しているのは今の自分です。過去には使っていた物、未来では使う予定の物が多ければ多いほど、肝心な今の暮らしに不便や不満が増えます。いる、いらないは、〝今〟の自分を快適にできるかで決めてください」

手を止めなければ必ず終わる

片づけは疲れてからが本番

終わらない片づけはない

「物を判断する。それだけのことで、こんなに疲れるとは思いませんでした」

「物と自分の未来を決めていく決断なので、精神的な消耗は激しいです。」

「最後の方はもう頭が回っていなくて、ちゃんと判断できていなかったです…」

「いえ、最後はむしろちゃんと判断できていましたよ」

「えぇ！　逆じゃないんですか？」

「疲れてくると整理の上では判断力が上がる場合の方が多いんです。無駄なことにエネルギーを使う余裕がなくなり、本当に必要な物にだけ反応します」

「確かに余裕はなくなっていましたけど…」

「片づけ慣れしてない人が元気な時に物の判断をすると、〝不要〟と判断したら損しないか、必要と判断した方が後で得するんじゃないかと、**必要か不要か以外のことに考えがいき、曖昧な整理になってしまいがち**です」

「ああっ、私いつも、それをやっていたかも！」

「ただ出しただけで物を減らさないと、戻すことが億劫になってしまって放置する。そうなると片づける前より散らかってしまうこともあります」

「耳がイタイです…」

「一人で片づけると、**疲れた…と感じた時点で止めてしまうことが多いのですが、むしろそこからが本当の判断ができる時間帯**だと思ってください。片づけようとして一度出した物が残っている状態の整理は、やりきってみてほしいです」

「整理は疲れてからが本番ってことですね」

「はい、なので僕は疲れている時ほど整理したくなります」

「ええ！　それはさすがというべきか、なんというか…（苦笑）」

整理が終わったら わかること

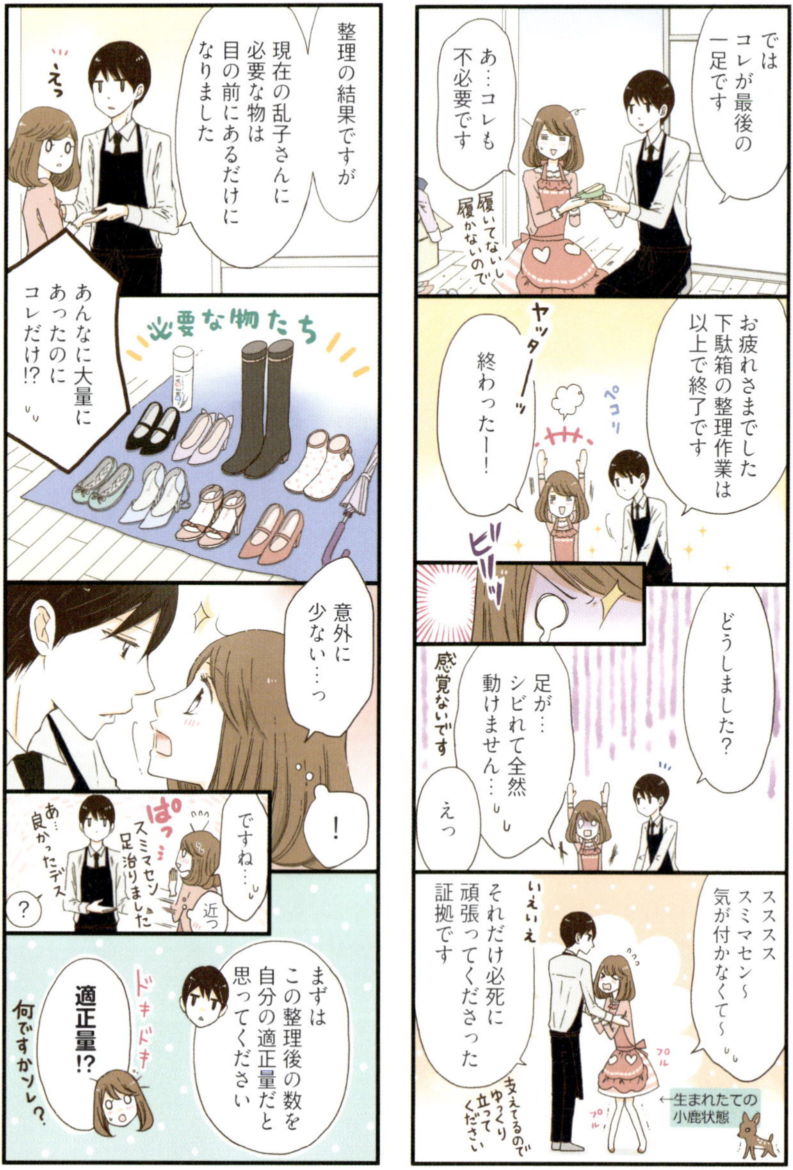

ではコレが最後の一足です
あ…コレも不必要です
履いてないし履かないので

お疲れさまでした下駄箱の整理作業は以上で終了です
ヤッターッ
終わったー！
ペコリ
ビリッ

どうしました？
足が…シビれて全然動けません…
感覚ないです
えっ

スススススミマセン〜気が付かなくて〜
いえいえ
それだけ必死に頑張ってくださった証拠です
支えてるのでゆっくり立ってください
プル
プル
←生まれたての小鹿状態

えっ
整理の結果ですが現在の乱子さんに必要な物は目の前にあるだけになりました
あんなに大量にあったのにコレだけ!?
必要な物たち

意外に少ない…っ
！
ですね…
近っ
ぱっ
スミマセン足治りました
あ…良かったデス
？

まずはこの整理後の数を自分の適正量だと思ってください
ドキドキ
適正量!?
何ですかソレ？

自分の「今」を知ってください

整理とは、今必要な物と、今使っている物を残す作業。

全てを「今」にフォーカスします。 これが終わると、自分に必要な物の数の少なさに、驚くと思います。

要するに、過去や未来といった今以外のことを考えすぎて、人は物を持ちやすいということです。

「今」を優先した暮らしを意識するだけで、物の持ち方は確実に変わってきます。

適正量とは？

適正量とは
現在の暮らしに不便がなく使いこなせている物の数のことです
この数を見極めて維持するだけでも片づけやすく散らかりにくくなります
へぇ！
この適正量を維持するためにも気を付けて頂きたいのは買い方です
買い方って…
基本的には買わないコトです
ええっ!!
それはムリです…
SALE
trend
買わないって物には流行とかあるし
限定品はその時に買わないと二度と手に入らないし
セールの時とかは買わない方が損ですよ!?
Limited
流行品・限定品セールなどでの購入は
物が増えすぎる原因になりやすいのでオススメしません
買うのはないと困る時だけがオススメです
え――っ
でも いいな♪って思った物は買っておかないと後悔しそうな気が…っ
あったらイイな♪はなくてもイイ！です
買い物の価値観を変えてみてください
ごもっとも助言
ザクッ
う…
善処します…

無駄な買い物がなくなったら…

後日

あっ

この靴イイなー♪

かわいい♥

(※通勤帰り)

あったらイイなはなくてもイイです

……

うっ

ポンッ

ないと困る時だけ買ってください

あ

こっちは限定品なんだ♥

ポンッ

……

なんか…買いにくいな…

買おうとする度に太郎さんの顔が浮かんできて…

はっ

もしかしてこれって…恋!?

ドキドキドキ

※アドバイスが効いてるだけです

今週は大好きなブランドのセールもあったのに…

とぼとぼ…

結局何も買わなかったなー…

太郎さんの顔がチラついて

せめて好きな飲み物でも…

パカッ

えっ何コレ!!

給料日前なのに外食できそうなくらいある!!

ああっセールで買い物しなかったからだっ

コレは嬉しいかも♪

必要以上に買わないって節約になるんだ!

片づけには経済的な効果があります☆

買わないのススメ

量を見極めてキープ

適正量とは文字通り、適切な量（数）です。物がないことで暮らしに不便がなく、ちゃんと使いこなせている物の量のことです。

そこで、自分にとっての適正量を見極めましょう。

例えば文房具。家に20〜30本もボールペンがありませんか？　家の各部屋にそれぞれペンを置いたとしても、実際に使うのは10本以内で困らないはずです。

自分にとって必要な量＝適正量を超えると、使わないものが家にあふれてきます。整理後に適正量を知ったら、それ以上、物を増やさないように心がけてください。

適正量を守る一番の方法は買わないこと

女性は買い物好きの人が多いので、買わないなんて無理！と思うかもしれません。でも一番効果がある方法です。

買わなければ、今以上に物が増えることはなく、散らかることもありません。

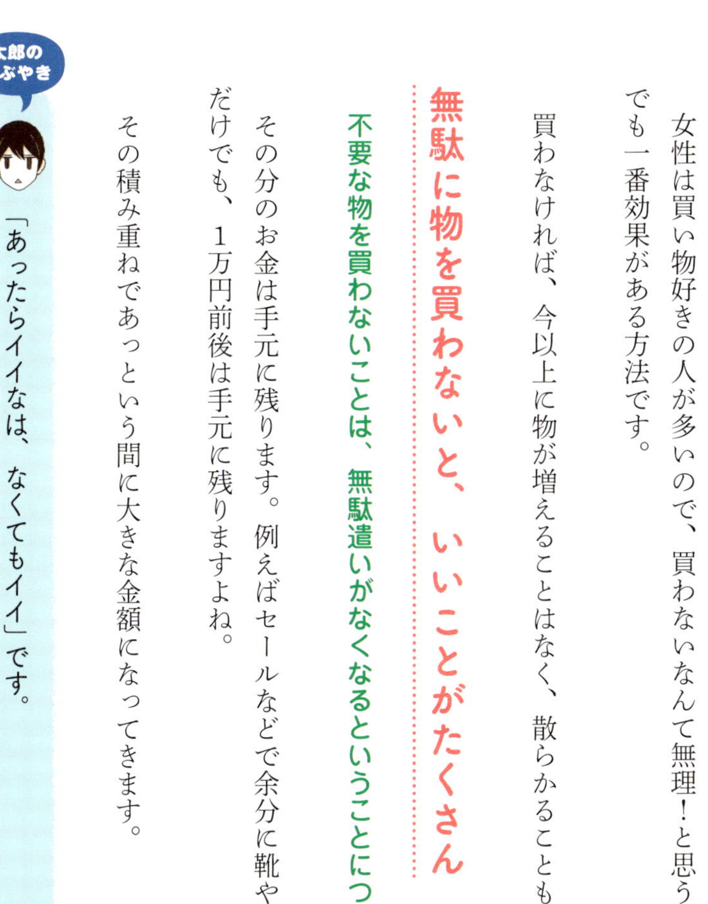

無駄に物を買わないと、いいことがたくさん

不要な物を買わないことは、無駄遣いがなくなるということにつながります。

その分のお金は手元に残ります。例えばセールなどで余分に靴や服を一つ買わないだけでも、1万円前後は手元に残りますよね。

その積み重ねであっという間に大きな金額になってきます。

どうしても捨てられない

訪問2回目
えっ
あれからお一人でここまで？
これはすごく頑張ったんじゃないですか？
床が見える…！
整理だけは一応全部やりました…
素晴らしいです お疲れ様でした！
パチパチパチパチ
あっ
違うんですっ できてないんです
できてない？ できてますよ？
？
いえ… 実は全然できてません…

全然できてないとはどういうことですか？
整理できてますケド…
整理は確かにできたんですけど…
!!
ガバラッ
不必要に分けた物が捨てられません！
山盛り
どっさり
例えば もう着られない服は捨てられるんですけどっ
捨てられる
ヨレヨレ
毛玉まみれ
コーデしにくいだけ
捨てられない
好みじゃなくなっただけ
まだ着られるけど着ない服とかはどうしても捨てられなくて……
それなら大丈夫ですよ
不必要な物は必ず処分しないといけないワケではないんです
へ？

不必要に区別されたものを捨てるのは
最後の手段です

譲る 売る リサイクルする 寄付するなど
手放す方法は色々ありますので
ああ
そっか！

まだ使えるのに捨てるってなると抵抗あったんですけど
捨てなくていいなら手放しやすいですね
ホッとしました

物を手放す時は即捨てるではなく
その前に一度物に第二の人生を与えられないかを探してみてください
第二の人生！
なるほど

即、捨てなくても大丈夫

物に第二の人生を

自分にとって不必要な物とはいえ、ゴミでない物を捨てるのは罪悪感ともったいない気持ちで抵抗が出やすいもの。そのため、即捨てずに、「譲る」「売る」「寄付」「リメイク」など、物がもう一度活きる方法を探してみてください。

洋服の第二の人生の効果

その後
乱子の双子の弟 乱太
ふぁぁぁ
おはよー
(※乱子の実家)

おはよう 朝食できてるわよ
トントントントン
ガタッ
母さんっ!?

そそそっそ その格好…っ どうしたの？
乱子がもう着ないからってくれたのよー
えぇー？
なんでまた急に
コスプレ？

乱太にもコレあげてって頼まれてるわよ
サイズ大きくて着れないからって
LOVE
バーン
……
絶句→
物を譲る時は慎重に☆

その後 2
家の近くに買取店があって良かったなー
服をいっぱい手放せた上にお金までもらえちゃった
衣類買取店
売るって楽しいかも♪

乱子さん？
人違い…

最近ご近所で乱子さんに似た人が増えた気がする…
気のせい？っていうか気になってる？

この気持ちってどういうコトなんだろう…？
……
乱子さんの服が第二の人生を歩んでるだけです

第3章

捨てる方法お教えします

まだ使える、高かった、いつか役に立つかも…。
捨てられない理由ならいくつだって挙げられます。
片づけ最大のこの難関に、乱子はどう挑む？

やっぱり捨てられない

訪問3回目

不必要な物は全部手放せたと聞いていましたが…

コレは？

えーと

不必要な物です

ドッサリーナ

譲る・売る・寄付どれもができなかった物たちなんです

なるほど

第二の人生が与えられなかった物たちですね

なら最終手段の「捨てる」を実行して頂くしかありません

ええっ

捨てる!?

捨てるって…

全部燃やされてなくなっちゃうってことですよね!?

はい 基本的には

ええーっ

無理です！

できません！まだ頑張れば使えるのに

気持ちはわかりますが現時点では捨てるしか方法がありません

そんな…っ

片づけるためです

……

だったらっ 私…片づけ止めます！

捨てないと
片づかないなら

片づかなくて
いいです！

だって
捨てる
って

ゴミ
じゃない
のに

わかりました

………

え？

乱子さんが
これ以上の片づけを
望まれてないのなら

ここまでで
終わりにしましょう

お疲れ様でした

ペコリ

え…っ

あの…

太郎のつぶやき

片づけられない人にとって「捨てる」は最大の壁と言っていいほど、大きな壁の一つです。

捨てない私に残る物は何なんだろう？

太郎さん帰っちゃった…
いいのかなコレ このままで…
でも第二の人生を与えられなかったからって捨てるなんてもったいないし
高かった物とか貰い物もあるしっ
何より物がかわいそうだよねっ！
捨てない物は全部寝室に置いちゃったからベッドで寝れないけど…
ホラッ
枕だけなんとか救出した
フリース2枚重ね
床で寝ればOKだし！
バスタオル
…って床カタイ冷たい…
でも片づけない限りずっとこのままなんだよね
え…ホントにこのままでいいの？
乱子さんが止めるって言うから帰って来たけど
ぬぎ
ぬぎ
「捨てる」の壁…乗り越えてほしかったな
探し物をしない快適さを知ってほしかったし
ほか
ほか
チャポーン
理想の暮らしの幸福感を味わってほしかったな…
片づけたい気持ちがない以上口出しできないけど
あの部屋でちゃんと眠れてるのか？とか正直色々心配だな…
カチッ
終わったことなのになぜかずっと考えてしまう…

捨てられないのはなぜ？

捨てるくらいなら片づかなくていい！　そう思いつつも、そのせいで片づかなくて苦しい毎日になってしまっている方、いると思います。

捨てられない人へ。

ただ無理！　できない！　で終わらせてしまうのではなく、なぜ捨てられないのか？　少し立ち止まってその理由を探ってみませんか？

太郎のつぶやき

自分の心が納得しないまま無理に捨てて進もうとすると、ストレスからリバウンドを起こす危険があります。一度手を止めて、捨てられない理由を見つめ直すのは大事です。

7つのタイプ別

捨てられない理由は何ですか？

捨てられない主な理由を挙げてみます。理由がわかると人は少し安心します。加えて自分に合った解決策も見えてきます。片づけが上手くいかない時は小休止も兼ねて理由を探ってみてくださいね。

理由1 「もったいない」派

物を捨てること＝もったいない　捨てないこと＝物を大事にしている

親や身近な大人の価値観が物が不足していた時代のままで、その影響を受けてしまい、捨てることは悪いことだと思い込んでいるので罪悪感で捨てられない。

本当にもったいないのは使わない物を持ち続けることであり、今の生活がその物に圧迫されてしまっていることです。物より自分を大切にしましょう。

理由2 「まだ使える」「いつか使う」派

今は使わないけれど、いつか使うかもしれない…。
いつか使う時に、捨てなければ良かったと思うかもしれない…。
という**未来への不安で捨てられない。**

今困っていることは使わない物があることで片づかない状態です。それなのに今困ってない未来の心配を優先するのは本末転倒だと思いませんか？

理由3 「まだ使っていない」派

新品の物を捨てるということは**買ったけど不必要だった**ということ。
つまり、捨てるということは、自分の選択に落ち度があったことを認めることになるので、失敗を認めたくない気持ちから捨てられない。

失敗は勉強です。それだけで買った値打ちはあります。

理由4 「高かった」派

物を捨てると、買った時に使ったお金を捨てるのと同じ気持ちになり、損失の恐怖から捨てられない。

高くても、安くても、使わずにただ持っているだけでは、宝の持ち腐れです。物は金額ではなく、使用することで価値が出るものです。

理由5 「困らない」派

捨てなくても現状で困らない。
例えばアクセサリーや文房具のような小さい物だと、特にスペースを占拠されて困ることもないので捨てるメリットを感じられず、捨てられない。

物を手放す基準は「使っていない」です。サイズではありません。捨てるかどうかを決めることは使わない物を放置しないための思考の訓練だと考えてください。

理由6 「人からもらったから」派

人からもらった物を捨てるのは、相手に申し訳ない気がする。**他人への気遣いで捨てられない。**

プレゼントはあなたに喜んでもらうために贈った物だと思います。受け取った時に嬉しい気持ちがあったなら、その物は、そこで十分役目を果たしています。

理由7 「そもそも捨て方がわからない」派

捨てたい気持ちはあるけど、**どうやって捨てていいのかわからない。**
調べることが億劫で捨てられない。

お住まいの自治体（役所）に電話確認で処分方法は教えてもらえます。調べなければ一生の負担、調べれば一瞬で解決です。

本当に片づけたい？

翌日
ゔゔゔゔ
床で寝るって…思った以上にキツかった
ヨロロ…
こんな暮らしダメだ…絶対倒れる…
乱子さんおはようございます
あ…おはようございます…
まぶしい!
太郎さんっていつもキリッとしてますよね？
そうですか？
やっぱり部屋が片づいているからですか？
どうでしょう？
キリッ
ヨロヨロ
……
あの…
私…片づけ止めない方が良かったですか？
乱子さん…片づけの再開希望を？
しまった…心の声が
あっえっと…
再開っていうか迷ってるというか…
その…
正直ちょっとわからなくなってて
ポロ
ポロ
あれっ涙が勝手に…
片づけよりも物を大事にしたことって間違ってたのかなって…
間違ってませんよ
わっキレイなアイロンがけ…
どうぞ
スッ
ハンカチ
というか片づけって別にしなくてもいいことですから
えっーウソ!
ホントです

迷った時は自分に聞いてあげてほしい

捨てたいけど捨てられない…。どうしてこんな矛盾した気持ちになってしまうのでしょう?

それはおそらく**どちらかが本心で、どちらかが損得勘定**なのです。損したくない、失敗したくない。この気持ちが判断を迷わせて鈍らせます。

本心の見極め方

「捨てたいのに捨てられない」。その矛盾する気持ちは、どちらが本心なのか？　見極めが必要です。捨てるべきでない物か、単に「高価だった」「また使うかも」などの損得勘定（感情）に支配されているだけなのか。

見極め方としては、「最初に思い描いた理想の暮らし」が叶う片づけのゴールを思い出してください。そこで、自分に問いかけましょう。これは**「理想の暮らし」に辿り着くために必要な物か？**と。

そして、そのアイテムを捨てた未来と、捨てずに持ち続けた未来とを想像してみてください。

気持ちが上がる方が、きっと本当に自分が望んでいる未来です。

「とりあえず」の判断は避ける

人は片づけることに抵抗を感じると「とりあえず置いておく」という判断をしがちです。でもこれを繰り返していると家の中が「とりあえず」で溢れかえります。

とりあえずとは、「間に合わせ」「判断の保留」ということです。それが本当に自分の望んでいる暮らしなのか？　**望む暮らしより優先させてでも、とっておく価値のある物なのか？　またいずれ考え直さないといけない労力も含めて、自分に問いかけてみてほしいです。**

「とりあえず」で判断して物を持つなら、「1カ月使わなかったら捨てる」「半年使わなかったら捨てる」など、自分の中で納得できる期限付きの所有にしてください。

「捨てるか？　捨てないか？」ではなく、「捨てるか？　使うか？」の2択で考えると判断しやすいです。

捨ててみたら…

後日
あれから自分の気持ちに聞きつつ全部捨てたんですけど…
私の部屋ってこんなに広かったんですね！
見てくださいっ踊れます！
くる くる くる
余計な物がないってスゴイですね
プハッ
…ってホントに踊るんですね
乱子さんの頑張りの結果ですよ
捨てるって実は得ることの方が多いのかも☆
あ スミマセン 笑ってしまって
いえ 全然っ
チュンチュン
ふあああ
ベッドで目覚められるって改めてありがたいな〜
ペタ
ペタ
はっ
―って すごい！
寝起きでも歩きやすいし転ばない！
物捨ての効果がココにも！
………
ぐび
なんか今日はいつもと違うと思ったら
乱子さんの転ぶ音がしてないのか
人の成長って嬉しくも少し寂しい気持ちになるんだなー…
意外で複雑な感覚だ…
ぐび

物を捨てると、手に入るもの

「物を捨てる時はきつかったですけど、捨てた後のスペースの広さに感動です！」

「**物を減らすことの最大メリットは空間（スペース）ができること**なので体感してもらえて良かったです」

「捨てたら後悔の気持ちが湧いてきそうで不安でした。でも、実際は解放感の方が大きくて。ちょっとびっくりです」

「**捨てた分だけ、その物について考える必要がなくなります。**だから、頭の中にも空間（ゆとり）ができたことで、解放感を感じるのだと思います」

「捨てるって、部屋にも心にも余裕ができるんですね」

「余裕ができると自分の気持ちに正直になるので、物事の判断はより早く、誤らずにできるようになってきます」

捨てる時には感謝をする

ありがとう、そしてさようなら

片づけのために捨てることは、破棄ではありません。**お別れするに近い行為**だと思います。そのためゴミのように乱雑に捨てると、罪悪感が残りやすいです。

心の中でいいので「ありがとうございました」と感謝の言葉を言ってから捨ててください。自己満足のように思えますが、それでも言うと言わないでは捨てた後の気持ちが違います。以降の物の持ち方の心掛けも変わります。

また、**丁寧にゴミを出す行為はゴミの量を減らします。**例えば、ぐちゃぐちゃのまま突っ込んでしまうような捨て方は、物の形がいびつになるので収まりも悪いのですが、キレイに折りたたんで捨てると収まりが良いので、隙間なくゴミ袋に入れることができます。

そうするとゴミの体積は少なくなり、ゴミ袋へ入れるゴミの量も減るので、粗雑に捨てた時より袋も少なくて済むようになり、経済的でもあります。

「捨てる」は「破棄」とは異なります。「感謝してお別れ」です。

〈紙ゴミを捨てる時〉

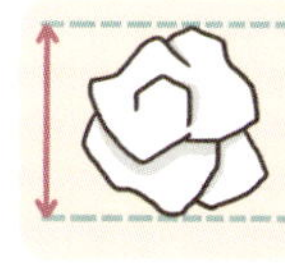

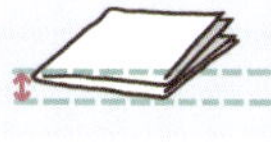

物が減ると生まれる変化

捨てたら良いことが起きやすい

できなかったことができるようになると、誰でも嬉しいですよね。そうすると、ご機嫌になりやすくなります。

ご機嫌な人には周りの人が近寄りやすく、話しかけやすいので、いろんな情報が入ってきて、物事が好転していきます。

「捨てる」に意識を向けすぎると、物を失う損失ばかりが気になりますが、**できなかったことができるようになること**だと思ってみてください。実は「得る」行為とも言えるのです。

困難を乗り越えた自分のことは肯定しやすいもの。「捨てる」は、自分を好きになるチャンスの一つでもあります。

こぼれ話

知るほどに盛り上がる話題

Q 最近、盛り上がった話は？

え――
最近だとぉ…

一般人
汚部屋乱子（25）

あ
パンケーキの話かな♪

可愛いのは基本
なんですけど
どこのが一番好き？って
話は盛り上がったなー

Q 最近、盛り上がった話は？

ん――
最近だとぉ…

片づけプロ有資格者
片付太郎（25）

あ
ハンガーの話かな！

統一するのは基本
なんですけど
どの形が一番好きか？って
話は盛り上がりました

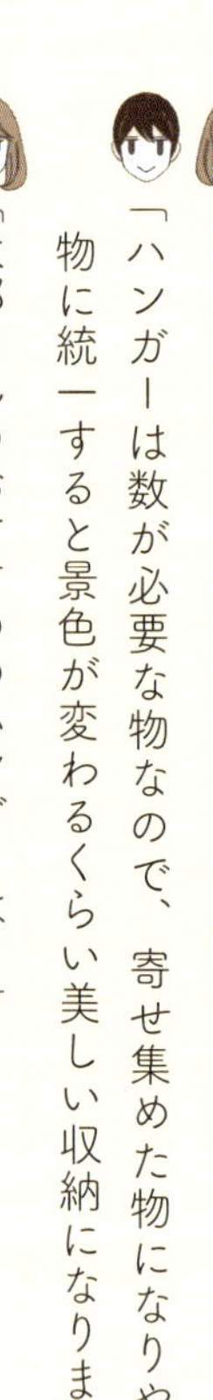

「ハンガーって、クリーニング店でもらうのを使うものだと思っていました」

「ハンガーは数が必要な物なので、寄せ集めた物になりやすいですが、同じ物に統一すると景色が変わるくらい美しい収納になりますよ」

「太郎さんのおすすめのハンガーは？」

「追加で必要になった時に、買い足しに困らない、定番品になっている物がおすすめです」

第4章

収納の仕方お教えします

家の空いている収納箇所を探しては、
パズルのように物を入れ込んでいた乱子。
しかし太郎から収納の本当の意味を教わります。それは…。

収納って何？

訪問4回目
次のステップに進みたいと思います
整理が終わったので次は収納です
収納ですか！
ついに…！
……って物が減って入りきらなかった物が入るようになったので
実はもう収納はできてるんですよ♪
食器棚とか完璧かと☆
いえこの収納はできていません
キッパリ
ええっ!?
出来てない？

収納とは
物を出しやすくまた戻しやすく収めることです
ただ入るからで収めてしまうと出し入れしづらい箇所が出てきたりします
カチャ
カチャ
あ
確かに！
コップを取らないとお皿が取れないとか…
そして出し入れがしづらいと収納が乱れやすくなります
グラ
グラ
あぁっ
やりそう私っ
取ったお皿は戻しにくいから適当に置くとか…
そのうえ乱れた隙間をスペースだと思って収納すると散らかり始めます
素麺
スッ
あ
ソレは…やってました
食器じゃないけどココ入るから入れようとか

収納って物が入ればいいんじゃないの？

ただ入っているだけでは、収納とは言えません

収納箇所に物が全部きれいに入っていると、一見収納ができているように見えます。しかし収まっていることが収納ではないので、これだけではできているとは言えません。

収納は「**物の出しやすさと戻しやすさ**」、**この両方ができている状態**のこと。

空いている場所に適当に入れていくパズルのような感覚だと、出しにくく、戻しにくいので、キレイに収めても、すぐぐちゃぐちゃになってしまいます。収納したのにすぐ散らかってしまう人は、ここが原因の場合が多いのです。

収納とは「出しやすく、戻しやすくする」ことです。

行動動線とゴールデンゾーン

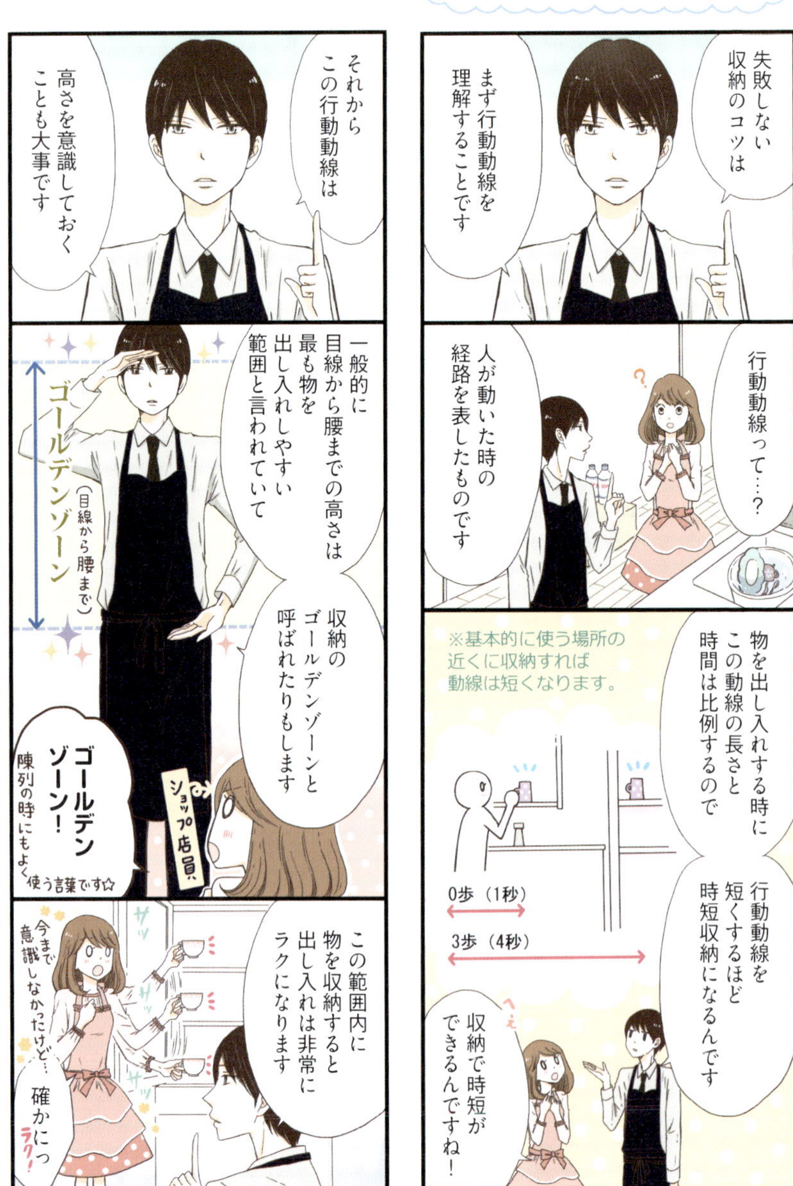

上手な収納は時短になる

極端な例ですが、食器なら、寝室に収納するよりキッチンに収納した方が当然使いやすいですよね。

使っている場所と物の間にどれくらいの距離（動線）があるのか？　意識してみると、置き場所を変えた方が動線が短くなることが意外と多くあります。**動線が短くなるほど、時短につながります。**

ゴールデンゾーン

収納には出し入れしやすい高さがあります。覚えておいてほしいのは**「目線から腰までの高さ」**。**ここが最も出し入れしやすい範囲**で、「ゴールデンゾーン」とも呼ばれます。

使う頻度の高い物は、このゴールデンゾーンに収納するのがおすすめです。その快適さにびっくりしますよ！

高さに順位がある？

高さのある収納箇所の基本の考え方としては

中→下→上が出し入れのしやすい順番になります

上 台を使えば出し入れ可

中 ストレスなく出し入れ可

下 しゃがめば出し入れ可

↑ゴールデンゾーン↓

あぁっ これも言われれば確かにそうですね！

全然気にしたことなかったケド

加えて覚えておいて頂きたいのは

上の部分は物が落下する危険性があるので軽い物を収める心掛けと

重い物だとケガしやすい

ゴン

ぎゃ

重い物は重みで棚を変形させることがあるので

なるべく最下に収めるようにしてください

ぐにゃ

食器などの重ねスギも注意が必要

えー

因みにこのゴールデンゾーンは危険な範囲でもあります

ゴールデンゾーン 目線から腰までの物が置きやすい範囲

へ？

ラクなのに危険!?

物の置きやすさからいろんな物の一時置き場になってしまって

（例）下駄箱

こんもり

DM

折りたたみ傘

宅配の箱

雑誌

追いやられた花瓶

紙袋

あっという間に

一時置きの小山完成☆

散らかる要因を作りやすいんです

あ――――

← 心当たりがありすぎる人

予防としての物を置かないルール決めは

植物やオブジェなどを飾って物を置きにくくする環境作りがオススメです

置かない

花

or

置きにくい

なるほどー

収納する高さには順位がある

一番使いやすい収納範囲のゴールデンゾーンを「中」とするなら、「中」の位置→「下」の位置→「上」の位置の順に使いやすい順番になります。

頻繁に使う物を収納する際には、「中」にあたるゴールデンゾーンに置いてみてください。使いやすくて便利です。

何を収納すればいい？

動線の長さと高さを理解して頂いたので
収納する物を決めていきます
はいっ お願いします！
最初に考えることは・・・物の使用頻度です
使用ひんど？
「よく使う物」「時々使う物」「たまに使う物」…という具合に
文字通りの使っている頻度で物を分類して考えるんです
よく使う
時々使う
たまに使う
へぇ
この分類の最大のメリットは「よく使う物」を行動動線の一番良い範囲に収納すると…
あっ
サッ
よく使う物が一番使いやすい！
何コレ最高☆
…ってなるトコロです
……というワケで動線と頻度を合わせて考えると
高さのある収納ではこういう形で物を収めるのが理想的になります
上
たまに使う
台を使えば出し入れ可
中
よく使う
ストレスなく出し入れ可
←ゴールデンゾーン→
下
時々使う
しゃがめば出し入れ可
はーーっ
なるほどー☆
…ってあの空いた場所ができてるんですけど
ココは何を収めたらいいんですか？
空いた場所はひとまず予備スペースだと思ってください
無理に物を収める必要はありません
収納はパズルではないので
予備スペース…！
その発想なかったです

よく使う物を、使いやすい場所に置く

物を収納する場所を考える時に、**まず何から決めるかというと、「頻繁に使う物」の場所**です。よく使う物を一番使いやすい場所に収納すると日々の暮らしに潜むちょっとしたストレスが軽減されます。

空になった収納スペースの使い方

整理して物を減らした後に収納すると、スペースが余って空間ができることがあります。ここですぐ収納する物を探したりせずに、**予備スペースとして考えてください。**

手放そうと決めた物を、入るからやっぱり止めて入れておこう、は散らかる一因になるのでNGです。

収納して生まれた空間は予備スペースにしてください。

グルーピングとは？

ここから
さらに使いやすい
収納のために
グルーピングを
していきます
グルーピング？
まず基本としては
把握しやすいようにする
種類別
行動の無駄をなくす
目的別などがあります
マグカップ
だけでまとめる
種類別
目的別
お菓子作り道具だけで
まとめる
他には
使う場所ごとで
まとめることも
あります
（例）キッチン
火を使う
水を使う
フライパン
油
鍋
ボウル
ざる
場所別
え…と
要するに
グルーピングって？
説明多くて
クラクラ
してきました
使いやすいように
複数の物を
一つのグループに
まとめることです
ちなみに
グルーピングには
もう一つの代表的な
分け方があります
まだ
あるんですか！
人別の分類です
人別？
例えば
僕と乱子さんが
一緒に暮らしてると
します
えっ！
衣類などは
種類や色や季節などの
分類に加え
一人ひとりでの
グルーピングをすると
管理しやすいです
右側（太郎）
左側（乱子）
例：収納ケース
あの…その前に私
収納ケース4つでは
足りないのでもう少し
増やしてほしいです
もしくは
一段譲って頂くか
ドキドキドキ
え…
たとえ話ですよ？

収納の効果

グルーピングしてみる

収納の時に知っておくと使いやすくなるのが「グルーピング」です。**「グルーピング」とは、一緒に使う物をまとめて保管する方法です。**例えば、便せんと封筒と切手をまとめておくと、礼状などを送りたい時に、一つひとつのアイテムを探す手間が省け、さっと書いてポストに出せます。

実践！基本の収納方法

休憩も済んだので次は
キッチンからですね
あっはい
具体的な収納方法としては取り出しやすさと収納量を増やすために
仕切るが基本としてあります
引き出しの場合はケースなどで仕切る
収納ケース
棚
コの字ラック
棚の場合はさらに棚を設けたりコの字ラックなどで仕切る方法です
美しく無駄なく仕切るポイントは空間を四角に仕切ることです
円は無駄な空間ができるので
ムダ
太郎さん…なんかうれしそう
四角大好き
その他に同じ種類の物なら
重ねる
奥に並べる
重ねる
奥に並べるなどの収納方法があります
あとは一つひとつの取り出しやすさを考えた
立てる
掛ける
立てるや掛けるなどもあります
自分にとって一番出し入れしやすい方法を選びながら
ここは立てるより重ねるかなー
使用頻度やグルーピングも考慮して収めれば
完了です☆
パパーン！
わぁ！できた♪

基本の方法を実践してみよう！

物の分け方とまとめ方が理解できたら、実際に収納してみましょう。収納を考える時、まずは**空間を面と見立て、四角く仕切って考えるのが基本**です。

「〝仕切る〟〝重ねる〟〝並べる〟〝立てる〟〝掛ける〟。収納方法の基本って結構あるんですね。方法を知ったことで、どれが正解だろう？ と収納の度に迷いました」

「収納には正解がないので、どんな方法でも自分が使いやすければ正解です」

「そうなんですか！ でも私、どんな方法でもって言われたら一番得意な〝押し込む〟って方法をやりそうですけど」

「それは物が損傷しやすいので避けてください。まずは基本の収納方法から、自分が使いやすそうと感じる方法を選び、しばらく使ってみて、判断してください」

グループピング

取り出しやすく、しまいやすく、使いやすくなるように、物をグループに分けて収納すること。基本となる、種類別、目的別、場所別、人別に分ける方法を覚えておきましょう。

目的別

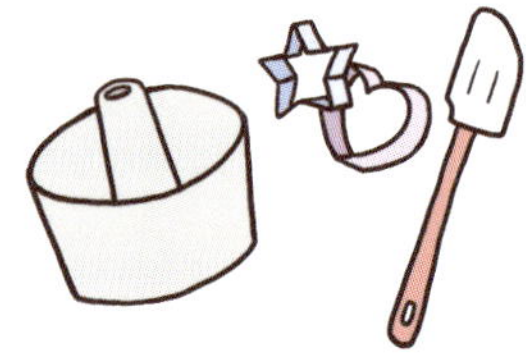

使う時に必要な物を１つにまとめておくこと。例：ケーキの型・台紙・計量器・スパチュラをひとまとめに。

種類別

食器・文房具・メイク用品など種類によって分けること。

人別

個人で管理することが向いている物に便利。例：衣類や靴など。

場所別

火を使う　水を使う

水を最初に使うボウルや鍋はシンク下に。火を最初に使うフライパンや油などはコンロ下に。使う場所にあわせて収めること。

収納の基本５つ

収納する時に、物によって、適切なしまい方は違います。仕切る、奥に並べる、重ねる、立てる、掛けるの基本を覚えて、どれが合っているか考えながら収納してみてくださいね。

仕切る

１種類の物に部屋を作るつもりで、ケースなどで四角く仕切る。収納箇所が増え、細々した物をスッキリ収められる。

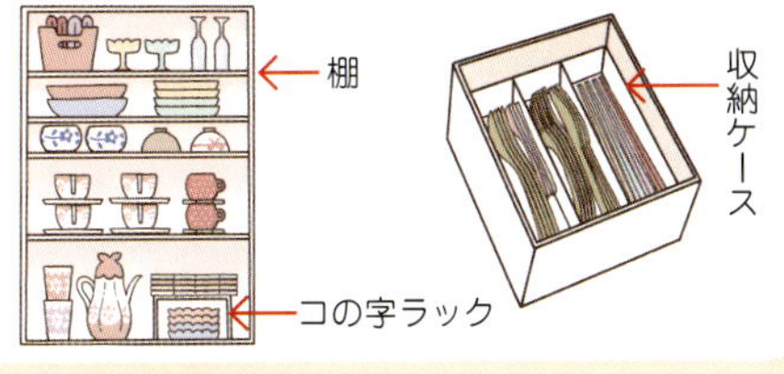

重ねる

深さのある空間を最大限に活かす技。食器など、重ねられるデザインを選ぶようにするときれいにラクに収納できる。

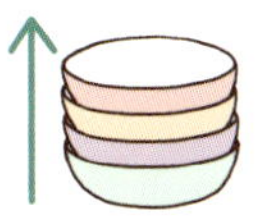

奥に並べる

同種類で高さのある物や重ねられない物は、奥行きを利用して並べると１つ分の横幅で複数収納できる。

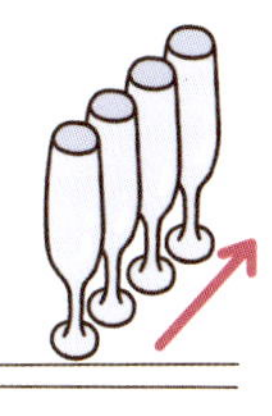

掛ける

壁や扉の裏にフックを使ってできるのが、「掛ける」収納。接地面が少ないので衛生面を気にする物にも向く。

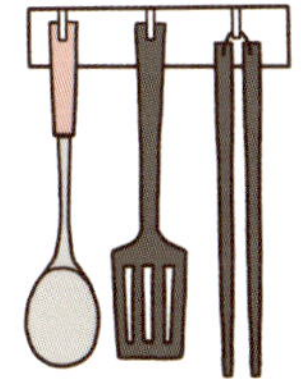

立てる

横幅のある物を、きれいに「立てる」ことができると、
①見つけやすい
②場所を取らない
③取り出しやすい
④しまいやすい
の良いことずくめ。

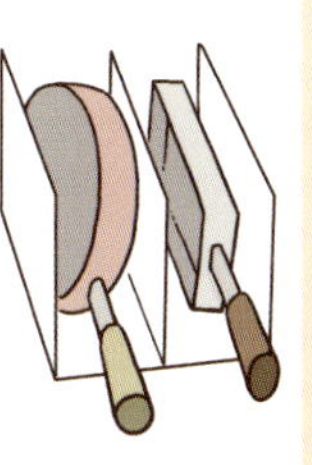

物に住所？

物にも住所をつくってあげる

物が戻る場所は決まっていますか？

収納ができたら、そこが物の戻る場所で、「物の住所」だと思ってください。物が散らかる理由の一つは、戻る場所が決まっていないからです。

物に住所があれば、使った後は元の住所に戻すだけ。散らかりません。

物に住所がある効果

小さい物ほどしっかり住所をつくりましょう

財布、メガネ、鍵、アクセサリーなど小さい物はスペースを占拠しません。そのため、どこでも置けてしまいます。それがゆえに、場所を選ばず置いてしまい、部屋の中や鞄の中などで見失いがちです。

こういう物こそ**置き場所をしっかり決めておくと、探し物のストレスから解放されます。**

どこにでも置いてしまうけれど住所があると格段に楽になるもの

- 財布
- メガネ
- 鍵
- アクセサリー
- 携帯電話
- 腕時計

ラベリングとは？

完了した収納をさらに
使いやすくするために
ここからもう一手間の
ラベリングを
お勧めします
これは
中身の見えない物や
一見でわからない物を
パッと見で判断できる
ようになるので
確認の手間が省けて
物を取り出す際の
時短になります
製菓用小物
胡椒
七味
ナツメグ
なるほど〜
じゃあ早速
ラベリングを〜♪
あっ
これは手書きより
機器を使用した方が
良いかと…
え…手書き
ダメですか？
統一美大好き
書体が統一されてる
景観美は
素晴らしいですよ
ぐいっ
僕のラベルライター
貸しますので
因みに
ラベリングは
物を出すためより
戻すこと重視で
表記するものです
複数の人が
利用する場合は
特に有効なので
職場などでも
活かせたりします
Aはこっち
Bはこっち
誰かに聞かなくても
見れば収める場所が
すぐわかる！
乱子さんのお陰で
バックヤードが随分
使いやすくなったわね
他のスタッフにも
ラベリングは
特に評判よ
主任
わぁ
良かった♪
嬉しいです
そんな最近の功績を認めて
新店舗の店長に就任決定よ
ハイ辞令書
私が推薦したの
よろしくね♪
ええ!?
マジですか…!

迷わず戻せるようにラベリングを

物の住所が決まったらここでもう一手間。何が入っているかを示すラベリングです。物を使う時、戻す時の動作が、さらにスムーズになります。

ラベリングをしておけば、いちいち言葉で説明しなくても誰もが物の場所を把握できるメリットがあります。物を探す手間がなくなります。

そして、片づけにおいての**ラベリングの最大の効果は、「元に戻しやすくなる」**です。**使った後に「これ、どこにしまったらいいかな」という一瞬の迷いが、部屋をだんだん散らかしていきます。**ラベリングしてあればどこに戻せばいいかが明確なので、迷うことなく元の位置に戻せます。

ラベリングしてあれば、物を元に戻すのが楽しくなってきますよ。

こぼれ話

一家に一台、ラベルライター

散らかさないために物はなるべく持たないようにと思いますが、一家に一台の所有をおすすめしたいのがラベリングの専用機器ラベルライターです。

手書きでは絶対出せない統一されたラベリングの美しさが収納の景観を確実にＵＰさせてくれます。どんな物にでもラベリングしたくなるような、使った人だけがわかる楽しさがあるので、暮らしの自己投資としておすすめです。

購入を迷う人は、マスキングテープなどに手書きでラベリングして、ラベリングそのものの便利さを実感してみてください。

プレゼントは「消えモノ」がオススメ

思いが重荷にならないように

乱子さんの店長昇格！　このようにお祝い事があった時に、プレゼントをすることってありますよね。注意したいのが、相手の好みを把握していない場合に使わない物を贈ってしまいやすいこと。思いのこもった物は処分しにくいので、喜んでもらうつもりが、家が散らかる一因になって相手を困らせてしまうことがあります。

プレゼントは、物として場所を占拠しないような食べ物、お花などの「消えモノ」がオススメです。

片づけにタイムリミットは効果的？

乱子 おめでとうー
スゴイじゃん 店長って
ありがとうっ まだ実感ないけど
友達

おめでたいことだからお祝いしようよ！
えっ
嬉しい！
場所はどうする？
時間気にしたくないなら店より家だと思うけどー

あ
だったらウチでもいいよ♪
私一人暮らしだし

ーって浮かれて言っちゃったので
来週までに片づけ完了しなきゃいけなくなりました！
協力お願いします!!
えっ！

訪問5回目

片づけにタイムリミットがあると集中力や意欲が上がります

なので お友達の訪問を好機と思って頑張りましょう
はいっ
間に合うように本気出します！

ぎゅっ
……
あっわっ
バッ
すすすみません
勢い余って つい…っ

僕も本気出します
ぎゅ
ありがとうございます…っ

片づけにはタイムリミットがある方がいい

片づいてから人を呼ぶ？　人を呼ぶから片づく？

片づいたら家に人を呼ぶ、ではなく、来客の日を先に約束してしまうのが、早く片づけたい人には良い方法です。

絶対にそこまでに終わらせる必要が出てくるので、完了までのスピードはさらに上がります。実際に、片づけ上手な方でも、来客があるとさらに片づけられる気がする、と言います。

片づけがいつまで経ってもできないと感じている方、**片づくより先に、人を招待してみる方法をぜひ試してみてください。**本気が出ますよ！

収納、完了！

「お疲れ様でした。今までにない乱子さんの頑張りに感動しました」

「友達にこの汚部屋を絶対見られたくなかったので…必死にやりました。意外に見栄っ張りなのかもしれないです、私。思わぬ短所を発見しました！」

「それは見栄ではなく『散らかった状態を見せて嫌な気持ちになってほしくない』という他人への配慮の表れだと思いますよ。その気持ちは長所です」

「長所…。そんなふうに言われるとすごく素敵な女性みたいです、私♪」

「乱子さんは素敵な女性ですよ」

「……」

「あの……、手を合わせるのはやめしょう。神様扱いされるようなことは言っていませんので」

見られるのが嫌だから片づける、は悪いことじゃない

人に散らかっている場所を見られたくないから片づけたい気持ち。これを、自分が見栄っ張りだからだと思い込み、恥じるような気持ちでいる人は、結構多いです。

でもこれは、**「配慮」だと思います**。

人と会う時に失礼がないように装っておめかししたりする気持ちと同じだと思うので、そういう心配りから頑張れる人は素敵な人です。他人のためなら頑張れる自分を否定して居心地悪く思わずに、**片づけの起動力としてぜひ活かしてください**。

汚部屋を見られたくない気持ちになるのは、配慮できる人の証拠です。

収納用品は何を使ってもいい？

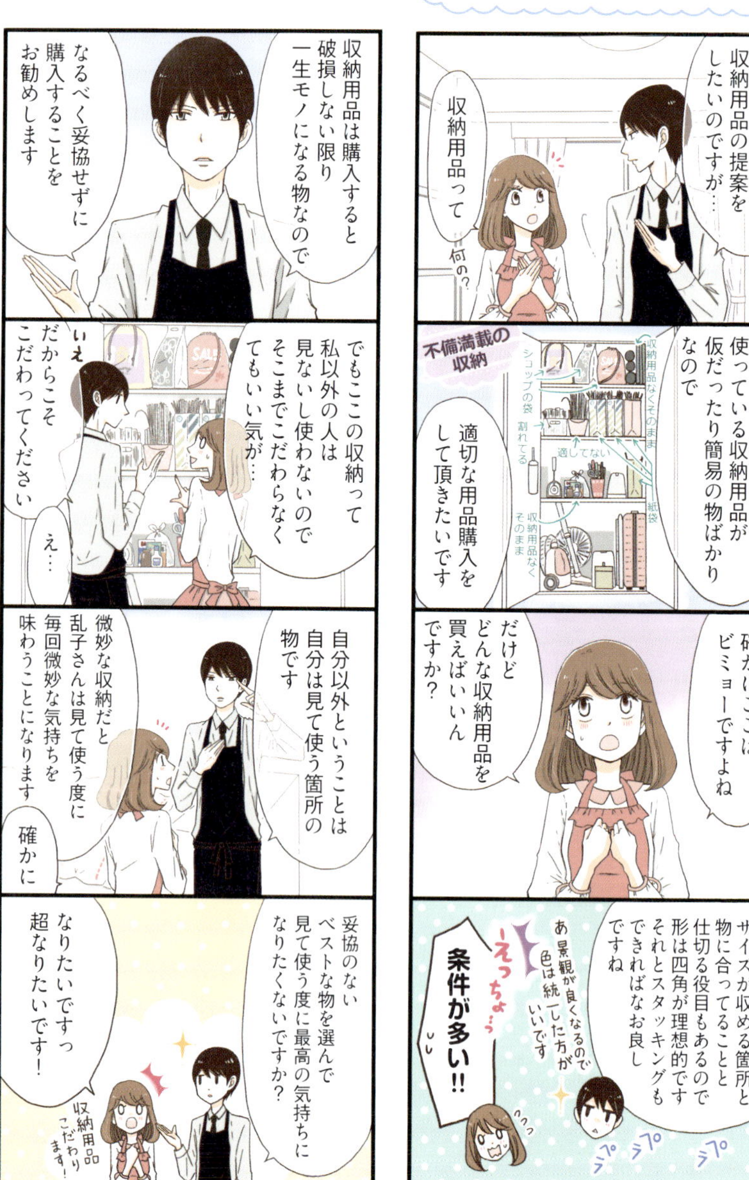

あとは仕上げとして収納用品の提案をしたいのですが…
収納用品って
何の？
収納用品は購入すると破損しない限り一生モノになる物なので
なるべく妥協せずに購入することをお勧めします
この多目的な収納箇所じゃ使っている収納用品が仮だったり簡易の物ばかりなので
不備満載の収納
収納用品なくそのまま
シコップの袋
割れてる
適してない
紙袋
収納用品なくそのまま
適切な用品購入をして頂きたいです
でもここの収納って私以外の人は見ないし使わないのでそこまでこだわらなくてもいい気が…
いえ だからこそこだわってください
え…
あ…
確かにここはビミョーですよね
だけどどんな収納用品を買えばいいんですか？
自分以外ということは自分は見て使う箇所の物です
微妙な収納だと乱子さんは見て使う度に毎回微妙な気持ちを味わうことになります
確かに
高さ・幅・奥行きのサイズが収める箇所と物に合ってることと仕切る役目もあるので形は四角が理想的ですそれとスタッキングもできればなお良しですね
あ 景観が良くなるので色は統一した方がいいです
えっちょっ
条件が多い!!
妥協のないベストな物を選んで見て使う度に最高の気持ちになりたくないですか？
なりたいですっ 超なりたいです！
収納用品こだわります！

※スタッキングとは積み重ねること。

収納用品は、きれいキープの要

収納用品選びは一生モノを選ぶ気持ちで

クローゼットや引き出しの中など、扉を閉じてしまえば見えない箇所の収納。自分や家族以外は誰にも見られない場所のため、空き箱や空き缶といった、適当な収納ボックスなどを使いがちです。

でも「自分」は見ています。

見るたびにがっかりする収納と、見るたびに気分が上がるくらい自分が気に入っている収納では、毎日の気分に与える影響は大きく違ってきます。

誰も見ないような場所でも、あなたは見ています。
あなた自身が満足できるように、片づけてみてくださいね。

こぼれ話

収納用品は何がいい？

収納用品も「物」です。そのため間違った選び方をすると、収納用品自体が、散らかる原因の一つになることも。なので収納用品の購入には、慎重さが必要です。

一カ所だけでなく、こっちの棚にもあっちの引き出しとしても収められる、場所や用途が変わっても使いまわしの利く収納用品がおすすめです。

そういう用品収納は人に譲りやすいというメリットもあるので、そこも含めて購入検討すると、さらにベストな収納用品を選べるはずです。

使いまわしができるものに！

〈外寸と内寸とは〉

外寸は物を収めたい箇所に必要な寸法、
内寸は収めたい物に必要な寸法です。
収納用品を新たに購入する時などは、
ミリ単位まで正確に測ってください。

■外寸
■内寸

ずっと見ていたくなる場所に変身

妥協せずに収納用品を選ぶと、クローゼット、押し入れ、引き出しなどの収納箇所でも、**ずっと見ていたくなるくらいに景観がUPします。**

この快感は、実践しないと体感できません。ぜひ妥協のない物選びをして、その快感を味わってもらいたいです。

「妥協せずに収納用品を選んだことで実用的なだけでなく、美的な面でも完成度の高い収納になりましたね」

「今までは必要でも開けるのが憂鬱だった収納箇所だったのに、今は用事がなくても開けて眺めてしまうくらい好きな場所になりました♡」

「何よりも自分の気持ちを大事にした結果ですね」

「自分だけが見るような場所でも、自分を大切に思うなら、きれいにしておかなくちゃですね。私、自分の気持ちをなおざりにしていたことすら気づいていませんでした。今回の片づけはそこに気づけたことも大きな成果でした」

「素晴らしいです（乱子さん、うれしそうだな…）」

終了なのに
終わりじゃない？

ではこれで片づけ作業は終了です
お疲れさまでした
ぺこ ぺこ
あっハイ
ありがとうございました！
最後の挨拶っていいのかわからないですけど
太郎さんのお陰でここまで片づけられたと思います
僕は基本アドバイスと提案しかしていません
実践してくれたのは乱子さんなのでご自身の頑張りの結果だと思ってください
やっぱり神…！
いえただの片づけのプロです
あそれと多分これが最後じゃないと思います
え？
？？

第5章

さぁ、片づけの仕上げです

整理も収納もできた！
これで汚部屋から脱出と喜んだ乱子の部屋に何やらまた変化が？
そして太郎との関係は？　ドキドキの最終章。

せっかく片づけたのに…
なぜ？

片づけ完了からのリバウンド？

正しく片づけたのに散らかってしまうなんて

せっかく片づけたのに、また散らかってしまった！　やっぱり私は片づけられない人なんだ…。

正しく片づけたはずなのに、リバウンドで振り出しに戻ったような状態になることがあります。

でも、整理と収納ができている場合は、**落ち着いて、散らかってしまった物をまず定位置に戻して**みてください。

元通りに片づいたなら、それはリバウンドでなく、太郎も言っている**「片づけ＝使った物を元に戻す」**ができていないということです。

地道な習慣づけ

片づけとは本来整理して収納できた物を
使ってまた元に戻す動作のことです
これが片づけ☆☆
使って
戻す
え…じゃあ私が実践してきた整理と収納は？
あれも片づけですよね
整理収納ができてこそ片づけが始められる
片づけ
収納
整理
土台
あれは片づけをしやすくするための土台作りです
ああ！
なるほど☆
そこができてないというか身についてないことで散らかってしまったんですが
この場合は習慣づけてしまうしかありません
習慣づけって何を…？
出したらしまうを身につくまでやり続けるだけです
えーえっ
超地道!!
習慣は一般的に21日間で身につくと言われています
へぇ…
就寝前の片づけを習慣にして頂きたいのでこれを毎日続けて
僕宛に片づけ完了の画像を送ってください
パシャ
パシャ
パシャ
これを21日間毎日…
正確には20日間だけど
日記すら3日間続いたことのない私にはかつてない苦行だ…
ぐったり
ブブッ
太郎
素晴らしいです！
頑張って片づけられたのがわかります。
お疲れ様でした。
でも一人で頑張ってるワケじゃないし
私には太郎さんがついてるんだから
ここは踏ん張らないとね！

片づけ最後の難関「習慣づけ」

もうおわかりだと思いますが、片づけは下の図のように大きく3つに工程が分かれています。この3つができて、初めて片づいた部屋を維持できるようになります。

整理と収納ができても、散らかった部屋に長期間暮らしていると、「片づけ」をする習慣がないので元通りになってしまいます。

でもこれは整理からやり直さないといけないようなリバウンドと違い、決まっている場所に戻すことさえすれば解決することなので、その行動があたりまえになるまで意識して身につけてください。

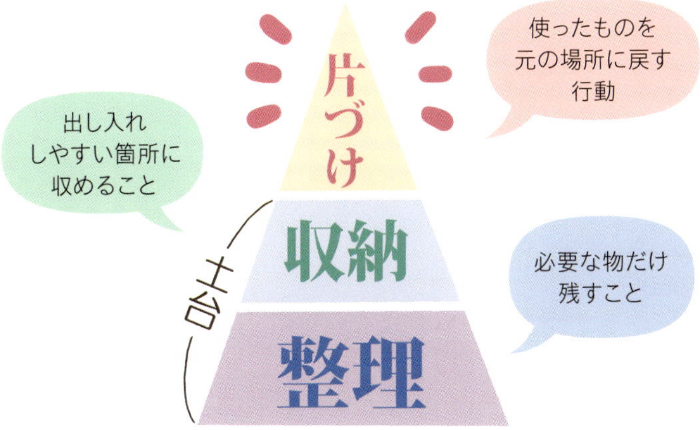

片づけ
使ったものを
元の場所に戻す
行動
収納
出し入れ
しやすい箇所に
収めること
整理
必要な物だけ
残すこと
土台

習慣は21日間で身につく

一般的に**習慣は21日間で身につく**と言われています。3週間ですね。いつまでやれば身に付いたことになるの？　と判断に迷う人は、まず3週間を目標にしてみてください。

片づけが進むと目が良くなった気分になる

片づけが進むと、今まで必要だと思っていたのに、よく見たら汚れたり傷んでいるのが目に入り、手放しの時期がきていることに気づくことがあります。

整理して物が減ったことで、今まで目を配れなかった物をしっかり見られるようになったからだと思います。突然自分の視力が良くなったような面白い感覚で、**片づけが大きく前進した合図**です。

片づけUPの合図

乱子さん今回は順調ですね

必死ですが頑張ってます！

ハイ

昨日は片づけながら小さい時に父からもらったぬいぐるみとお別れしました

よく見たらもうボロボロだったので

それはすごい！

思い出の品は…手放しの中で最も難しいと言われてる物なのに

ここに来てさらなる片づけ力UPですね

ーって太郎さんフーモちゃん使ってくれてるんですか？

毎日使う部屋鍵になんて嬉しいです♪

あ…ハイ

フーモちゃん
乱子さんのお店の人気キャラグッズ

自分でもなぜ使い続けているのか謎ですが…

じー

使わせてもらっています

謎…？

気に入ってないんですか？

太郎のつぶやき

必要だと思い込んでいた物が不要だと気づけるのは、片づけが大きく前進した合図。片づけの思考が身についてきている証です。

片づけが途切れた時は再チャレンジ！

片づけ続いてたのに寝オチしちゃった！
片づけできてないよっ
あーもー仕事行く時間になってるし〜っ

途切れてしまった時はまた最初から頑張るしかありません
がーン
そんな〜っ
10日間はクリアしてたのに

ここで止めますか？
仕事が繁忙期と聞いているので一時中断も可能ですが…
いえっ
片づけられるようになりたいので頑張ります！

乱子さん変わりましたね
あっ わかります？
今日は時間なくてメイクがベースだけなんです
ヤダー
そういうことではないんですが…

うう…
今日は最高に疲れたもう片づけないでこのまま眠りたい…
立ちっぱで足もパンパンだよう
けどー…

—10分後—

よしっ
やりきった！頑張った私！
太郎さんに画像送信…と

はっ
片づけって暮らしを快適にするためのものだけど
できると自分の自信にもなってくるよね
私にもやればできるってうれしいなー
なんかちょっと歌いたいくらいイイ気分♪

え
歌ってる…？
夜なのにご機嫌だな

うれしいのは片づけている本人だけじゃない

太郎君ちょっと聞いていい?
ハイ
※女性社員さん達

最近休憩中によく連絡取り合ってるよね?
ハイ
その相手の人ってどんな人?もしや彼女とか?
え…

すみません
ちょっと…言えません

ええ——っ
言えないって何?禁断の関係とか!?
そっか…変なコト聞いてゴメンね
いーえ
ドキドキドキ
片づけのプロにとって依頼者の情報は絶対秘密です☆

後日
乱子 先週はセールでしたが買い物しませんでした! 12:43
太郎 12:45 既読 素晴らしいです
乱子 今日も片づけ習慣頑張ります♪ 12:48
12:49 既読 応援しています

乱子 13:02
乱子 出勤前の片づけ習慣も始めました

一人の時でも頑張って片づけてくれてる
うれしいな…
画像なのに手振ってる

ちょっ…
太郎君今笑ったよね!
激レア☆
っていうか相手は誰?
女子???
ヒソヒソ
片づけのプロにとって依頼者の片づけ報告はご褒美です♪
※女性社員さん達

片づけ完了！

21日後
今日で習慣づけ完了！
パンッ
ハイタッチ☆
21日間お疲れ様でした
店長になられて仕事も多忙な中で
片づけが身につくまで投げ出さなかったことはとても立派でした
片づいた時の効果と片づけられる自分に喜びがあるって知ったから頑張れました
それを教えてくれたのは太郎さんなので本当に感謝してます
あと私太郎さんのことが好きでした
え…っ
身の程知らずだと思ってなかったことにしてたんですけど
エヘヘ
自分の気持ちを大事にすることを片づけから学んだので
やっぱり伝えることにしました
………
僕は…片づけのプロとして
乱子さんをサポートすることが第一だと考えてきたので――…
あっ
返事はいいです私が言いたかっただけなので
太郎さんに出会えて良かったです

片づけられると変わってくるもの

「部屋の状態は心の状態」。これはよく言われている言葉ですが、同じとは言い切れないまでもリンクしていることは確かです。

物を元の位置に戻す片づけを習慣化するには、同じことを繰り返すという、特に地味なスキルが必要なので、身につく前にやめてしまいたくなりがちです。でも、いったん身につけば、**歯を磨くのと同じように、やらないと居心地悪くなるくらい当然のことになります**。ですので、ぜひ頑張っていただきたいです。

また、片づけが身につけば、苦手なことや面倒なことを乗り越えられた自分に、自信が持てるようになります。

その変化は部屋を変えるだけでなく、自分自身の生き方、在り方も望む方向へきっと変えてくれると思います。

捨ててみたら…

……

告白されるまで
考えたこと
なかったけど

カチャ

彼女の素直で朗らかな
ところには好感を
持ってたと思う

最後まで諦めず
頑張れる人だとわかった
こともうれしかった…

自分の気持ちをなかった
ことにしてたのは

乱子さんだけ
だった…？

……

だから
コレ…

ピンポーン

はーい

あれっ太郎さん
まだ何か――…

えっ

片づけで人生が変わることも

—というワケで 私 汚部屋乱子に 恋人ができました
自分でもびっくりなんだけど
ペコリ
ええ!!

何コレッ どーゆうコト? 店長昇格の次は彼氏GETって!
しかも超イケメンだしっ 説明してよっ
ぐいっ
えっと… これは全部片づけのおかげだと思う
はあ? 片づけ

実は私 片づけられない人だったんだけど…
片づけ頑張って部屋がキレイに変わっていくのに合わせて
自分の考え方とか人生まで変わったんだよね
自分のコトも好きになれたりとか

う〜ん ちょっと言ってることわかんない…
片づけと人生って関係なくない?
あれ?
私も
乱子さん バス来ました
あハイ
ごめん また連絡するね!

なんか…よくわかんなかったね
うん わかんなかったね
でも今の乱子幸せそうだよね

うん 超幸せそう
……
……

片づけの最初の一歩は「片づけたい」と思う気持ちです
私も片づけてみよっかなー
私もー
最近クローゼットとか気になってたんだよね

一歩目を踏み出した全ての人にエールを込めて……

「やればできる」ではなく「やれば進む」

紆余曲折ありましたが乱子さんは無事片づけを完了しました。物語だけ読むと片づけは一瞬のように見えるかもしれませんが、部屋全体が長期間散らかっていると、実際はフルマラソンのように長丁場です。

なかなか見えてこないゴールに息切れして中断してしまうこともあります。そうなると「私はやっぱり片づけができない人…」だと思い込んで、片づけそのものを放棄してしまいがちです。

でも片づけは「やればできる」ではなく**「やれば進む」**ものです。そして「進め続け」た人だけが「できる」ようになります。

つまずいたり、やらない期間があってもＯＫ！　大事なのは終わらせることより、**止めてしまわないこと、続けること**だとどうか覚えておいてください。

最初に始めることは「片づいたらどんな暮らしをしたいか？」をイメージすることです。**今日、今、始めれば、明日には少し部屋と未来と自分が変わります。**

ゴールで待っているのは理想の暮らしです。

番外編1

物別！
必要な物だけを
選ぶ方法

いつの間にか増えて、家が散らかってしまう原因となる
衣類・靴・メイク用品・食器・食品・消耗品・洗剤・文具類・
調理道具・紙類・本＆雑誌。
本当に必要な物だけを置く方法をお伝えします。

部屋が散らかる大きな原因になりがちな洋服。クローゼットに収まりきらないほどたくさんあるのに着たい洋服がない時は、確実に適正量をオーバーしています。

Check 1

劣化を正視する

ほつれ・色褪せ・ヨレ・毛玉などの小さい劣化は、洋服を着ている時は見逃してしまいがち。日中の太陽光が入る部屋で定期的に、チェックしましょう。

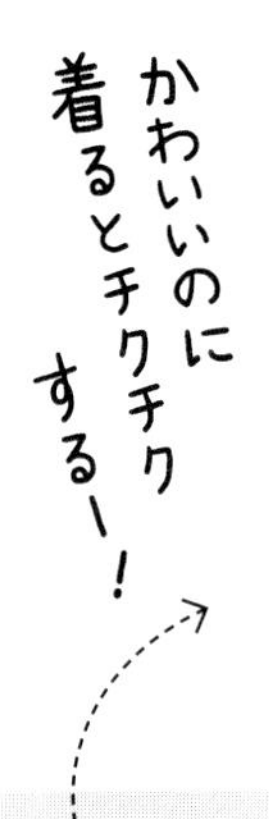

Check 2

シミつきの服を放置しない

シミなどがついて汚れている服は、時間が経過するほど落ちにくくなるので、面倒がらずにすぐ洗濯を！

Check 3

着心地はいい？

高価だったり、気に入ってはいても着心地が悪かったり、着こなせない衣類はありませんか？　持っているだけになりやすいので、手放す検討を！

衣類の使用頻度から要らない服を見つける方法

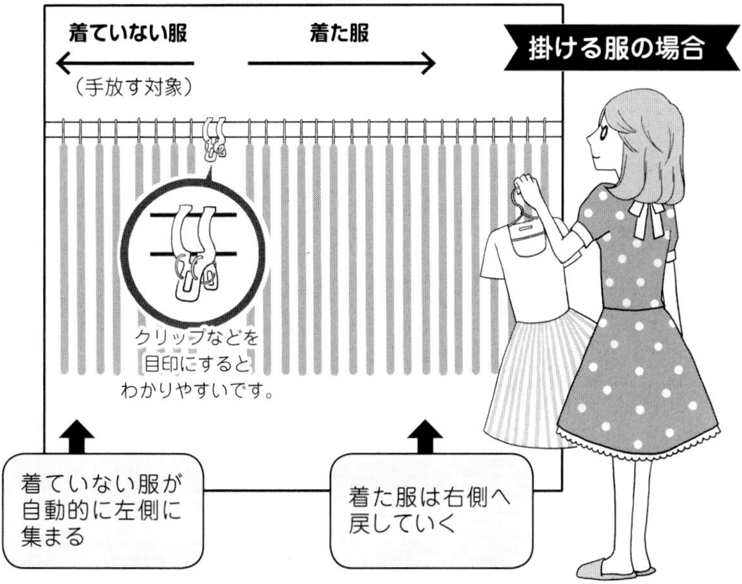

掛ける服の場合

着ていない服
（手放す対象）

着た服

クリップなどを
目印にすると
わかりやすいです。

着ていない服が
自動的に左側に
集まる

着た服は右側へ
戻していく

引き出しに入れる服の場合

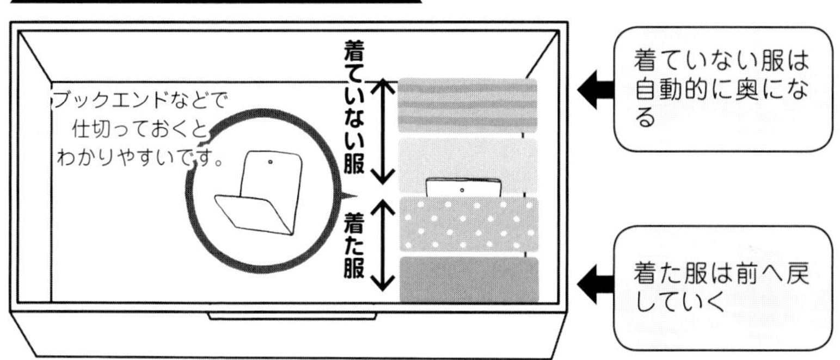

洋服が多いと、よく着る服は把握できても、全く着てない服がわからなくなりがち。全く着ない服なのか、存在に気づかずに着なかっただけか？　使用頻度からぜひ確認を。

洋服が多い人は靴も多いです。着こなしに合わせて欲しくなる気持ちはわかるのですが、玄関のたたきにまで靴が溢れているなら、収納に合う数を持つ意識も大事です。

Check 1

劣化を正視する

靴の傷や汚れ、劣化は、日中の太陽光が入る部屋でチェックしましょう。人に会う時に自信を持って履けない状態の靴には、お別れを。

Check 2

靴擦れしていない？

デザインが気に入っていたり、高価だったとしても、靴擦れして履けない靴は手放す対象です。歩き方がおかしくなり、骨まで歪んでしまう危険性もあります。

新製品に惹かれて買ったり、サンプルでもらった物を、何年もメイクボックスに放置したままにしていませんか？　肌に付けるものは衛生面が大事なので、定期的に見直しを。

早めに使い切る

メイク用品の多くは製造年から3年が使用期限（3年以上の物は期限記載不要）というのは覚えておきましょう。開封後は3カ月～6カ月までに使い切ることが理想です。

Check 2

捨て方はすぐに確認

マニキュアや香水など、捨て方がわからない物はお住まいの自治体（役所）に問い合わせを！

Check 3

売ることもできる

ブランドの化粧品は、使っていなくても手放しづらいもの。そんな時は、売ってみませんか？　ブランド品であれば開封済みでも買い取ってくれるお店があります。

食器は、今や100円ショップでも購入できる時代に。手軽に買えるということは、簡単に増えやすいということです。水切り籠から棚に戻せない程の数になっていませんか？

Check 1

劣化を確認する

小さい破損やヒビが入ったお皿やグラスを放置していませんか？破損やヒビは明るい場所じゃないと気づきにくいので、日中の太陽光が入る部屋でチェックしましょう。

Check 2

自分の生活に必要な数だけ

来客があったとしても余るほど、同じアイテムを所有していませんか？　自分の生活に必要なだけ残してください。

Check 3

「なんとなく使っている」をやめる

景品などでもらった食器は「あるからなんとなく使っている」状態になりがちです。使いやすく気に入っている食器だけで暮らしても、困ることはないはず。本当に使いたいかの見極めを！

食品はそれぞれの値段が大きくないからこそ、余分に買ってしまいやすいもの。レトルト食品や缶詰、ペットボトル飲料など、保存期間が長いものだとしても、本当に必要な分だけを置いていますか？

Check 1

「お得」に惑わされない

容量が多い方が割安だとしても、食べきれず、最終的に捨てているものはありませんか？　結局は食べきれる少量のパッケージの方が、損をしないことが多いです。

Check 2

非常食は日常でも食べるものを

非常時が心配な人は、食品を常にストックしておきたいと考えます。しかし非常時に、期限切れで食べられない物になっていては本末転倒。きちんと管理できる量の所有を！

Check 3

冷蔵庫は永久保存場所ではない

冷蔵庫は食品の「一時的な」保管場所。入れておけば、ずっと食品がもつという永久保存場所ではありません。

あれー
冷蔵庫入れてあったのに
変色してる！

「どうせ使うから」と、特売などで多めに買ってしまいがちな消耗品。買う量と使うスピードが合ってないと、気づけば一生かかっても使いきれない数になっていることも！

Check 1

ストックを持ちすぎない

トイレットペーパーやラップなどの商品を、お買い得だったからと買いためていませんか？　家での場所代がかかっていることをお忘れなく！

Check 2

劣化する

消耗品類は腐らない物ではありますが、時間が経つと劣化します。いざ使う時には、劣化が進んで使いづらい状態になっていることも。消費ペースに合った購入をしましょう。

Check 3

無料で付いてくる物、必要ですか？

コンビニなどで無料で付けてくれるスプーンやお箸。キッチンに使わないまま残っていませんか？使わないなら、断る意識を！

つい良さそうな物があると買い揃えてしまう洗剤類。でも、掃除上手な人は洗剤の保有率は低いです。理由は、汚れになる前に掃除しているから。洗剤の数を増やすよりマメにできる掃除の仕組みづくりを！

Check 1

お買い得でも買わない

お買い得でも、収納ペースに入らない数は買わないようにしましょう。値段で数円得しても、家での場所代、部屋の美観を損ねる、入りきらずイライラするという点で損してしまいます。

Check 3

新製品につられない

新製品が出ても、今使っている洗剤に問題がなければ、買わないように。買うとしても、使用中の物を使い切ってから。

Check 2

強力洗剤はいらない

小マメな掃除・洗濯をしていれば、強力な洗剤は不要です。

買ったつもりがなくても、気づくと家に大量に溢れているのが、ペンをはじめとした文具類。使いやすく、気に入った物だけを厳選してみましょう。

Check 1

なんとなく使うのはやめる

「あるから使っている」になっている物は、手放す対象です。

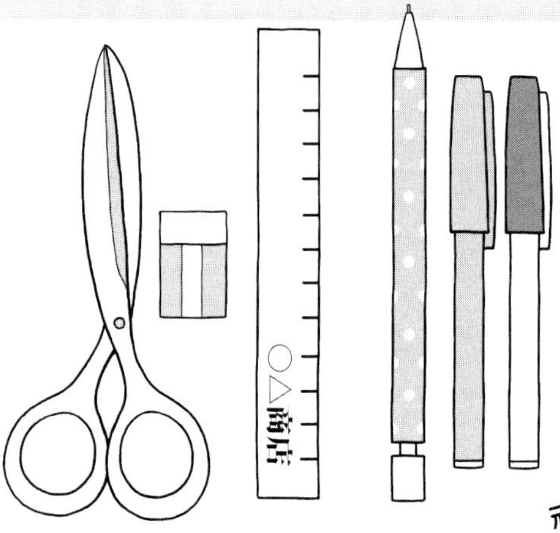

Check 2

景品はもらわない

景品の文具は安易にもらわない意識を。

Check 3

使いづらい文具は手放す

使いづらい文具は、使うたびにストレスがたまります。手放しましょう。

便利そうな機能が付いていたり、かわいい形のキッチン道具は、必要がなくてもつい買ってしまいがち。結局使いこなせず、キッチンのスペースだけ取ってしまっている物はありませんか？

Check 1

重ねられるからといって持ちすぎない

ざる・ボウルなどは、重ねて収納できるので、あればあるほど便利そうですが、全てを使いこなせる人は多くありません。本当によく使う物に絞ってみてください。出し入れが楽になり、圧倒的に使いやすくなりますよ。

Check 2

便利グッズは「ないと困る」物だけに

便利グッズを「便利そう」と安易に買うのは少々お待ちを！　収納場所から取り出して、使って、洗って、また収納する一連の作業を思い浮かべて、それでも必要かを考えてみてください。

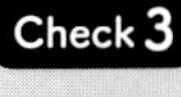

定期的な交換を！

調理道具は火や水に触れるので、劣化が早いもの。毎日使っているとその劣化に気づきにくいので、一年に一回買い替える、など自分のルールを作って交換するのがおすすめです。

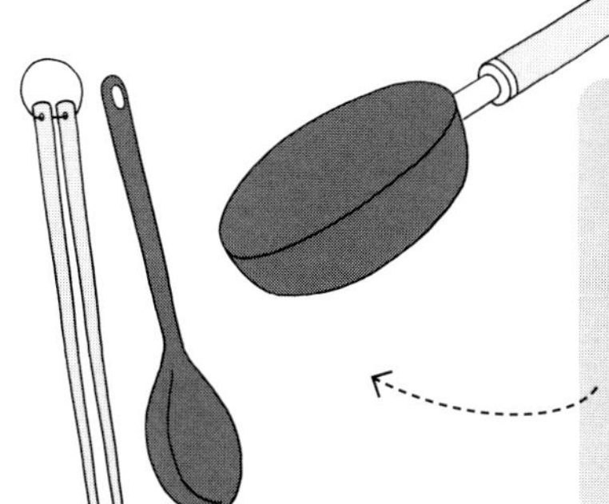

確認を少しでも後回しにすると、すぐに地層のように積み上がり、気づけば小山のようになってしまう紙類。手にした瞬間に内容を確認する癖づけと、溜まらない工夫を。

Check 1

オンラインで確認できる物は保管不要

「紙類＝情報」が基本なので、オンラインで見られるものなら持っておく必要はありません。商品の取扱説明書の多くは、今はオンラインで見ることができます。商品のHPなどで確認してみてください。HPに掲載されていれば紙のものは手放して、取っておくのは保証書だけにします。

Check 2

データに移行する

紙そのものでなく、書いてあることが必要なら、データ保存アプリなどを利用していつでもどこでも使える情報に移行した方が便利になります。

データ保管アプリはPCとスマホで同期しておくと
さらに便利です

Check 3

DM類

期限のあるDMは過ぎていれば処分を。情報が必要な場合は画像保管を。DM自体が必要な場合は定位置を決めて、はがき用の収納ケースなどに入れて管理を。

いつか読むかも、読み返すかもと、蓄積してしまうのが本や雑誌。収納スペースを考えずに欲しいがままに買うと、床置きせざるをえないほど、スペースを占拠してしまいます。

Check 1

本で大事なのは内容

本は、読んで自分の中に吸収するための物。所有することが目的にならない心がけを！

Check 2

図書館に寄付する

状態が良い本は図書館などに寄付することができます。図書館に置いてもらえれば、読みたい時に借りられるようになります。

Check 3

必要な記事だけをデータ保存。面倒なら手放す

雑誌などはお気に入りのページだけ切り抜いたり、画像保存をして手放せば、かなり減らせます。その作業が億劫に感じるなら、潔く手放すタイミングです。

おまけ
片付太郎はこんな人

片づけのプロというか
久々の実家だけど
やっぱり落ち着くなー
お茶でも飲むかな♪
この湯のみ借りよう
片づけ好きな人は
物を持ってるだけで
太郎…それ
捨てるの？
古いけど父さんのお気に入りだからやめてあげて
え…
処分すると思われがち

片づけのプロは
5時間お疲れさまでした
ハイ…太郎さんも
ぐったり
ペコ
ペコ
片づけ作業の後
さらに自宅を
もっと見直せる気がしてきた！
片づけてたりする
片づけハイ☆

片づけのプロは
えーと
ゴミ袋はどこだったかなー？
カラーボックスの2段目に入ってますよ
人様の家なのに
家主より物の場所を
スゴーイ☆
なんでわかったんですか!?
ホントにありました！
一緒に片づけてるうちに覚えてしまいました
把握してる時がある

私んち今
超散らかっててさー
収納グッズとか
買ったのに
全然片づかない
んだよね
ガタン
ガタン
あー
私んちもだよー
洋服が
大量すぎて
大変なの
片づけのプロは
!?
耐えてる
ぷる
ぷる
え…何？
震えてる？
アドバイス
したい…っ！
相談者以外への
アドバイスは基本NGです

サイズ
形
値段
仕切りも
着脱可能だし
どれをとっても
申し分ない
収納用品なのに…
なんで白が
ないんだ…っ！
4色も展開してるのにっ
わー
カラフルで
かわいい
ですねー
片づけのプロは
白色の収納用品を
好む人が多い
憤りで
震えてる

友だち77
香奈
実花子
マナ
YURI
うわっ
太郎さんの交友って
女性ばかり！
やっぱり
モテるん
ですねっ
この方々は
同志の人達です
どうし？
片づけのプロは
圧倒的に女性が多い

太郎に聞く！ 片づけのお悩み

「捨てる」「収納」「片づけ」について、
ブログの読者から片付太郎によせられた質問をご紹介。
太郎が丁寧に考えて、お答えします。

太郎に聞く！
片づけのお悩み

捨てるについて Q&A

最初に何から捨てたら片づきますか？

片づけで大事なのは、捨てる物を決めることではありません。「必要な物」を選びとることです。選ばなかった物が「不要な物」で手放しの対象ですが、これもすぐ捨てるのではなく、売る・譲る・寄付する・リメイクするなどを検討して次に活かせる方法を考えてみてください。捨てる物はその上で残った物だけです。

物を捨てられないし手放せません。物を減らさずに片づける方法はないですか？

収納のスキルが高ければ可能です。ただ、物は数の多さに比例して、維持と管理する労力も必要です。それに見合うだけの物なのか？　一つひとつ手に取って一度考えてみてください。ここでその手間を億劫に感じるなら、すでに見合うだけの物ではないと言えます。

捨てられない物は実家に預かってもらっていいですか？

Answer

それは片づけではなく物の移動です。今度はご実家が片づけに悩む事態になりやすいので、その方法は避けた方がいいと思います。現在の暮らしになくて困らない物であるなら、それは不要の対象です。後でなんとかしようと思わずに、今決着をつけてください。すっきりしますよ。

家族が散らかすのでこっそり家族のものを捨てても問題ないですか？

Answer

自分が不要と思っても、相手にとっては必要な物の場合は多々あります。取り返しのつかないことになる場合もあるので、確認せずに処分するのは止めましょう！
家族の片づけが気になる時は、自分の片づけができてない時なんです。まずはご自分が管理している箇所を徹底的に片づけてみてください。
完璧な片づけは、人を感化するチカラがあります。間近で見ている家族なら、自主的に物の処分や片づけを始めてくれるかもしれません。

Q1

**収納方法は
理解したのですが、
いざ実践となると
どうすればいいのか
わかりません。**

収納の基本は「使っている物を、使いやすい場所へ」です。正解探しではなく、自分が使いやすいと感じる場所へ収めてみてください。数回使ってみると合っているかどうかわかります。使いにくければまた考え直せばいいだけです。怖がらずにトライしてください。

Q2

**洗面台の引き出しに
空きスペースがあるのですが、
何を収納すると
いいでしょうか？**

Answer

空間ができた時は予備スペースと思ってください。ライフスタイルが変わった時にも対応しやすくなります。また、何をここに入れるか？ではなく、なぜここに入れるか？　そのメリットが言える物を収めてください。

収納箇所に ぴったりの収納用品を 揃えるとなると高額です。 少し不満はあるけれど 安くて似たような物 でもいいですか？

高額でもぴったりの収納用品を買っていただきたいです！　収納用品は、経年劣化しにくい物なので長い時間を共に過ごすことになる相手です。金額でなく本当に使いやすく気に入った物を選んでください。日々の気持ちよさが激変しますよ。

Q4

収納スペースが足りません。 棚を買い足すべきですか？

棚を買う前に、まず使っていない物がないか？　棚を買い足すほど必要な物なのか？　と物と一つずつ向き合って見直してみてください。

奥行きのある収納には どうやって物を収めたら いいんですか？

奥行きのある収納箇所は前後で区切ったり、左右で区切ってみましょう。

前後の場合は、奥の物がわからなくなるので、目に付く部分にラベリングを施すのがおすすめです。

左右の場合は、奥の物が取り出しやすいように、身体が入る空間を作っておくことがポイントです。

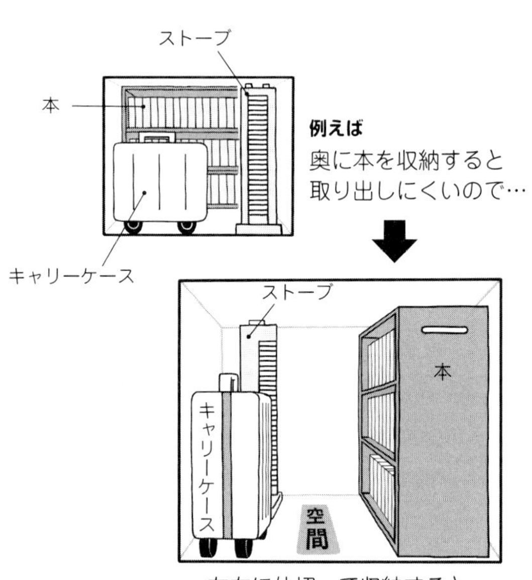

左右に仕切って収納すると
両方が出し入れしやすくなる

Q1

休日に片づけようと決めてもいつもやらずに終わってしまって、片づけが進みません。

Answer

せっかくの休日に苦手なことをやりたくないのは当然だと思います。片づけが楽しくなってくるまでは、仕事から帰って来たら一息つかずに引き出し1個とか、就寝前に5分だけというように、毎日少しずつクリアできる設定にして片づけてみてください。

Q2

片づけたいけど毎日疲れていて片づける気になれません。

Answer

常に疲れている人は充分な睡眠が取れてない可能性が高いです。寝る前に布団周りを整えて、快眠を心掛けるところから始めてみてください。

家族が片づけてくれなくて
頻繁にケンカになってしまい、つらいです。

具体的に伝えると効果があるかもしれません。「片づけて」より、例えば「机に出ているノートは2番目の引き出しに戻して」と言われる方が行動に移しやすいですよ。

家族は私が怒ると片づけてくれるけど、
怒らないと片づけてくれません。
怒るとお互いが嫌な気分になるので、
怒らずに片づけてもらう方法ってありますか？

「片づけて」という指示ではなく「片づくと気分良くご飯が食べられるから協力してくれる?」と家族に手助けしてもらう気持ちで相手を頼ってみてください。
それと片づけてくれたら褒めるのではなく、感謝することも大事です。人は喜ばれると継続してやりたくなるので、率先して実行するようになります。
片づけてもらってありがたい気持ちは本当だと思うので、素直にその気持ちを相手に伝えると効果が出やすいと思います。

一番気になる リビングから片づけたいのですが、アドバイスをください。

一人で片づける場合は、リビングは最後にしてください。過ごす時間が長い場所なので、物が集まりやすく、リビングに置かない方がいい物まで置かれてしまっていることが多いです。リビングは比較的、必要な物が集まりやすいので、最初に片づけようとしても物を減らせず、ただの整頓になりがちです。
下駄箱やクローゼットなど使用目的が明確な収納箇所から始めてみてください。

掃除と片づけってどう違うんですか？

片づけは、不要な物を取り除き、必要な物を使いやすくすること。居心地の良い環境を維持することです。掃除は汚れを取り除いてキレイな環境を維持するためのものです。

どこまでできたら片づいたって言えますか？

片づいたかどうかは自分で感じて決めることなので、ご自分が片づいている、気持ちいいと思えたらいいのです。
あえて言えば、自分の部屋を好きだと思えるところまでだと思います。
乱子さんのように、歌ったり踊ったりしてしまうほど好きになれる部屋を目指してください。

片づけで人生変わるって本当ですか？

これはやった人からは、実際によく聞く言葉です。でもご自分の場合はどうか？　となると、やった人にしかわからないことなので、ぜひ片づけてみてください。結果がわかったら、僕も気になるので教えてもらえるとうれしいです♪

おまけ
片付太郎はこんな子
だった

お題
好きなモノ
片付太郎（5歳）
ん？太郎くん
これは何かな？
ふぁいるぼっくすですです

幼稚園にて
お片づけの
時間ですよー
！
一人テンションが上がる
片付太郎（5歳）
えーーっ
ヤダー

太郎（5歳）
ここは
はなの
ていいち…
すぴー
花子（0歳）

おわりに

片付太郎と汚部屋乱子の物語を最後まで読んで頂きありがとうございました。

今から4年前、私自身がいろいろとうまくいっていなかった時期、部屋が散らかっているのが理由かもしれないと片づけを真剣に始め、その効果に魅せられて、ついには整理収納アドバイザーになりました。

実感したのは、「片づけると暮らしが楽しくなる」ということ。

それを多くの人に伝えたくて始めたブログで、少しずつ描いてきたのが片付太郎と汚部屋乱子のストーリーです。

描き始めた時には、ここまで長く続くとは思ってもみませんでしたが、周囲の人たちから「続けた方が良い」という声をたくさん頂き、応えて描いていくうちに本数も増えて、出版関係の方の目に留まり、書籍化という最高にありがたい形で片づけのゴールまで描ききることができました。

ブログの読者の方や身近な人たちが「楽しみにしてるよ」「頑張って」と常に声をかけ続けてくれたことが、心の支えになり、それこそが、描いていく力の源になっていました。

この本は、マンガの完成に辿り着くまでにもらってきたエールを、今度は私が、片づけにくじけて動けなくなってしまっている誰かに届けられたらいいな、という願いが込められています。

片づけは進みが遅くても大丈夫です。
止まっても大丈夫です。
理想の暮らしは必ず未来で待ってくれています。
少しでも今日できることから進めてみてください。

完了するまで私はずっと応援してます。

長浜のり子

RANKO
OBEYA

長浜のり子（ながはまのりこ）

漫画家＆整理収納アドバイザー。関西在住。クライアントの片づけ訪問をしつつ、ウェブやフリーペーパーに片づけの漫画や記事を執筆。自身のブログ「片付け語りのぶろぐ」では、漫画やイラストで整理収納のヒントを紹介。この中で描き始めた「片づけのプロ片付太郎」に人気が集まる。

ブログ：「片付け語りのぶろぐ」
https://ameblo.jp/favamy/
twitter：@norikomarch

【スタッフ】
カバーデザイン：三森健太（tobufune）
本文デザイン：宇田川由美子
PD：小川泰由
編集：綿ゆり（PHP エディターズ・グループ）
柳原香奈

マンガでわかる 片付太郎と汚部屋乱子のお片づけレッスン すぐできる！ 続けられる！ 整理収納のコツ教えます

二〇一七年十二月四日　第一版第一刷発行

著　者　長浜のり子
発行者　清水卓智
発行所　株式会社ＰＨＰエディターズ・グループ
〒一三五－〇〇六一　江東区豊洲五－六－五二
☎〇三－六二〇四－二九三一
http://www.peg.co.jp/
発売元　株式会社ＰＨＰ研究所
東京本部　〒一三五－八一三七　江東区豊洲五－六－五二
普及部　☎〇三－三五二〇－九六三〇
京都本部　〒六〇一－八四一一　京都市南区西九条北ノ内町一一
ＰＨＰ　ＩＮＴＥＲＦＡＣＥ　https://www.php.co.jp/
印刷所
製本所　凸版印刷株式会社

　ISBN 978-4-569-83724-6